ALLES IN ALLEM

McGraw-Hill, Inc.
New York   St. Louis   San Francisco   Auckland   Bogotá   Caracas
Lisbon   London   Madrid   Mexico City   Milan   Montreal
New Delhi   Paris   San Juan   Singapore   Sydney   Tokyo   Toronto

Guide to Audiocassette Program

JEANINE BRIGGS

BEATE ENGEL-DOYLE
Franciscan University
Steubenville, Ohio

ALLES IN ALLEM

AN INTERMEDIATE GERMAN COURSE

This is an EBI book.

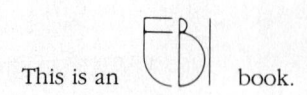

Guide to Audiocassette Program to accompany
Alles in allem: An Intermediate German Course

Copyright © 1995 by McGraw-Hill, Inc. All rights reserved. Printed in the United States of America. Except as permitted under the United States Copyright Act of 1976, no part of this publication may be reproduced or distributed in any form or by any means, or stored in a database or retrieval system, without the prior written permission of the publisher.

This book is printed on recycled paper containing 10% postconsumer waste.

1 2 3 4 5 6 7 8 9 0 SEM SEM 9 0 9 8 7 6 5 4

ISBN 0-07-007833-5

This book was typed in Garamond on a Macintosh by Fog Press.
The editors were Leslie Berriman, Robert Di Donato, and Gregory Trauth;
the production supervisor was Tanya Nigh;
the illustrator was Susan Detrich, Brooklyn.
Project supervision was done by Stacey C. Sawyer.
Semline was the printer and binder.

Grateful acknowledgement is made for the use of the folowing materials:

Realia: *Page 12* Deutscher Wetterdienst, Seewetteramt; *25 Kurier Tageszeitung*, Vienna, Austria; *43* (*bottom*) Johann Mayr, Germany; *56* Fremdenverkehrsamt; *114* Bildarchiv Preussischer Kulturbesitz; *123* Verlag H. Schmidt; *125* Baedeker.

Photographs: *Page 2* © Reineke/Bundesbildstelle Bonn; *4* © Stutterheim/Bundesbildstelle Bonn; *13* © Rogers/Monkmeyer Press; *27* © Ulrike Welsch; *31* © Halaska/Interfoto; *40* © Ulrike Welsch; *41* © Gritscher/Bavaria; *50* © Michael Bry/Monkmeyer Press; *52* © Dr. Bahnmüller/Bavaria; *62* © Ulrike Welsch; *70* © Rocky Weldon/ Leo de Wys Inc.; *72* © Merten/Bavaria; *74* © S. Bohnacker/Bavaria; *76* © Schambeck/Bundesbildstelle Bonn; *83* © Dallas & John Heaton; *84* © Michael Bry/Monkmeyer Press; *90* © Michael Bry/Monkmeyer Press; *100* © Stutterheim/Bundesbildstelle Bonn; *109* © Bundesbildstelle Bonn; *115* © Reineke/Bundesbildstelle Bonn; *118* ©Merten/Bavaria; *124* © Reineke/Bundesbildstelle Bonn.

Inhalt

Introduction vii

Kapitel 1   Werte   *1*
Kapitel 2   Neu in der Stadt, neu in Deutschland   *11*
Kapitel 3   Einander kennenlernen, miteinander umgehen   *23*
Kapitel 4   Von der Kinderstube in die Erwachsenenwelt   *35*
Kapitel 5   Alltagsleben   *47*
Kapitel 6   Na, denn guten Appetit!   *59*
Kapitel 7   Lustiges Landleben   *69*
Kapitel 8   Waren und Werbung   *79*
Kapitel 9   Tiere und Tierfreunde   *89*
Kapitel 10   Einseitige und vielseitige Bildung   *99*
Kapitel 11   Beziehungen   *105*
Kapitel 12   Menschenleben und Menschenwerk   *117*
Antworten   *129*

Introduction

The ***Alles in allem*** *Guide to Audiocassette Program* provides the visuals and printed materials that are essential for following and working with the cassettes. With a format that parallels that of the *Readings and Activities* text, the *Audiocassette Program* offers complementary activities that bring new dimensions to the ***Alles in allem*** program and round out the language-learning experience.

The ***Alles in allem*** *Audiocassette Program* includes the following features:

- The entire program is recorded exclusively by native speakers.
- Literary selections are rendered in short listening segments, each followed by a listening comprehension activity.
- Provocative photos set the mood for the dramatic readings of the literary selections.
- A wide variety of activities enables students to practice and develop listening comprehension and speaking skills.
- Art- and realia-based activities promote language skills and also provide visual interest.
- Follow-up writing activities based on the dialogues or narrative texts in the **Weiterführung** section further advance the integration of all four language skills throughout the program.
- Immediate feedback on tape verifies single-answer activities.
- Answer key at the back of the guide offers solutions to single-answer written activities. It also offers possible solutions for some of the activities that can have more than one answer.
- A live-audience performance of "**Mensch**" by the author of the text, Stephan Krawczyk, brings a very special dimension to this work in **Kapitel 12**.
- The musical version of "**Der Erlkönig**," performed by Dietrich Fischer-Dieskau, closes **Kapitel 11**.

As in the *Readings and Activities* text, each chapter of the *Audiocassette Program* consists of three parts.

Hinführung   begins with a pronunciation-in-context activity. Students practice tongue twisters, short exchanges, or phrases that are in some way connected with the content of the chapter. Additional activities in this warm-up section familiarize students with vocabulary or topics relevant to the readings.

Textarbeit   offers dramatic renderings of the literary selections along with a wide variety of listening comprehension and speaking activities.

Weiterführung   provides natural contexts that relate aspects of the chapter topics to everyday language situations: dialogues in various settings, segments from radio talk shows, discussions from town meetings, exchanges that take place in various types of businesses and stores, and so forth.

Students are encouraged to make the program their own and to work with it at their own pace, stopping and starting the cassettes as often as necessary. Whereas pauses for writing are included in dictation activities, they are not included for note-taking activities. In these instances, students jot down key words and phrases as they listen to natural, unpaused speech. However, students are not expected to grasp everything and to jot down all pertinent facts in just one listening. They should listen to passages again and again until they achieve complete understanding. With repeated practice, students will become more and more proficient at listening and at comprehending what they hear.

Acknowledgments
We would like to thank Heidi Madden and Jochen Liesche for reading the manuscript; Susan Detrich for her exciting illustrations; Leslie Berriman, Bob Di Donato, Gregory Trauth, and Stacey Sawyer for editing the manuscript and taking it through the production process; and Tanya Nigh for overseeing the in-house production details.

Name _____ Datum _____ Klasse _____

Kapitel 1
Werte

HINFÜHRUNG

A. Aussprache. Was ist das? Wiederholen Sie jede Frage und jede Antwort. Achten Sie dabei auf Ihre Aussprache und Intonation.

[Fragen]

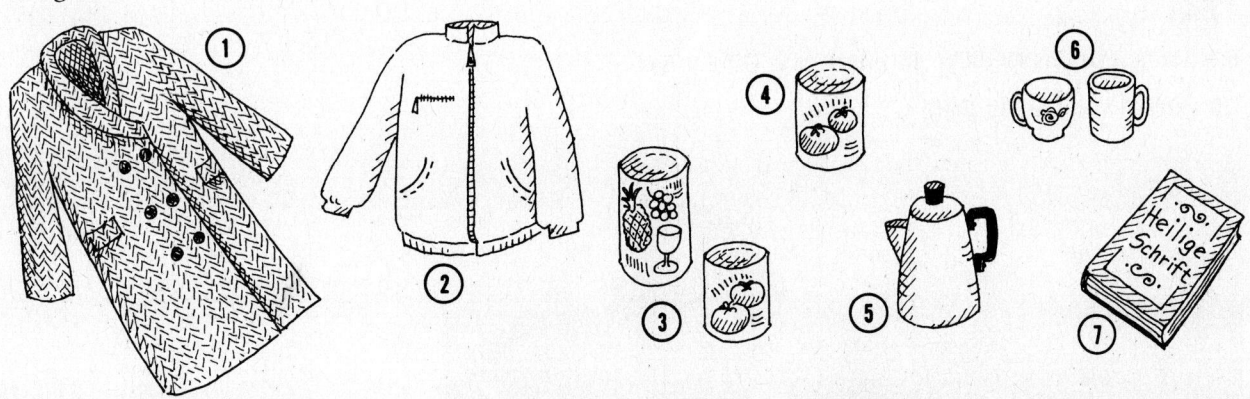

B. Was trägt Eva heute? Was hat sie an? Was hat sie bei sich?

BEISPIELE: SPR:* Trägt Eva eine Mütze?
                SIE: Nein, sie trägt keine Mütze.
                SPR: Trägt sie einen Hut?
                SIE: Ja, sie trägt einen Hut.

[Fragen]

*SPR = SPRECHER/SPRECHERIN

Kapitel 1   1

C. Was nimmt Erich zum Wandern und Zelten mit?

BEISPIELE: Nimmt er einen Rucksack mit? Ja, er nimmt einen Rucksack mit.
Sein Rad? Nein, er nimmt sein Rad nicht mit.
Einen Koffer? Nein, er nimmt keinen Koffer mit.

[Fragen]

TEXTARBEIT

TEXT 1

Sie hören jetzt das Gedicht „Inventur" von Günter Eich.

[„Inventur" von Günter Eich]

Landschaft in Thüringen

Kapitel 1

Name_____ Datum _____ Klasse_____

A. Materialien

1. Aus welchem Material sind einige der Dinge gemacht, die der Dichter besitzt? Beantworten Sie die Fragen mit Hilfe der gegebenen Ausdrücke.

   Aus Leinen. Aus Weißblech. Aus Wolle.

   [Fragen]

2. Woraus sind einige andere Dinge wahrscheinlich gemacht, die der Dichter besitzt?

   Aus Baumwolle. Aus Papier.

   Aus Eisen. Aus Wollstoff.

   [Fragen]

3. Woraus besteht Günter Eichs Schreibgerät?

   Aus der Mine von einem Bleistift.

B. Wie lebt der Dichter? Schauen Sie sich die Bilder an, und beantworten Sie kurz jede Frage.

[Fragen]

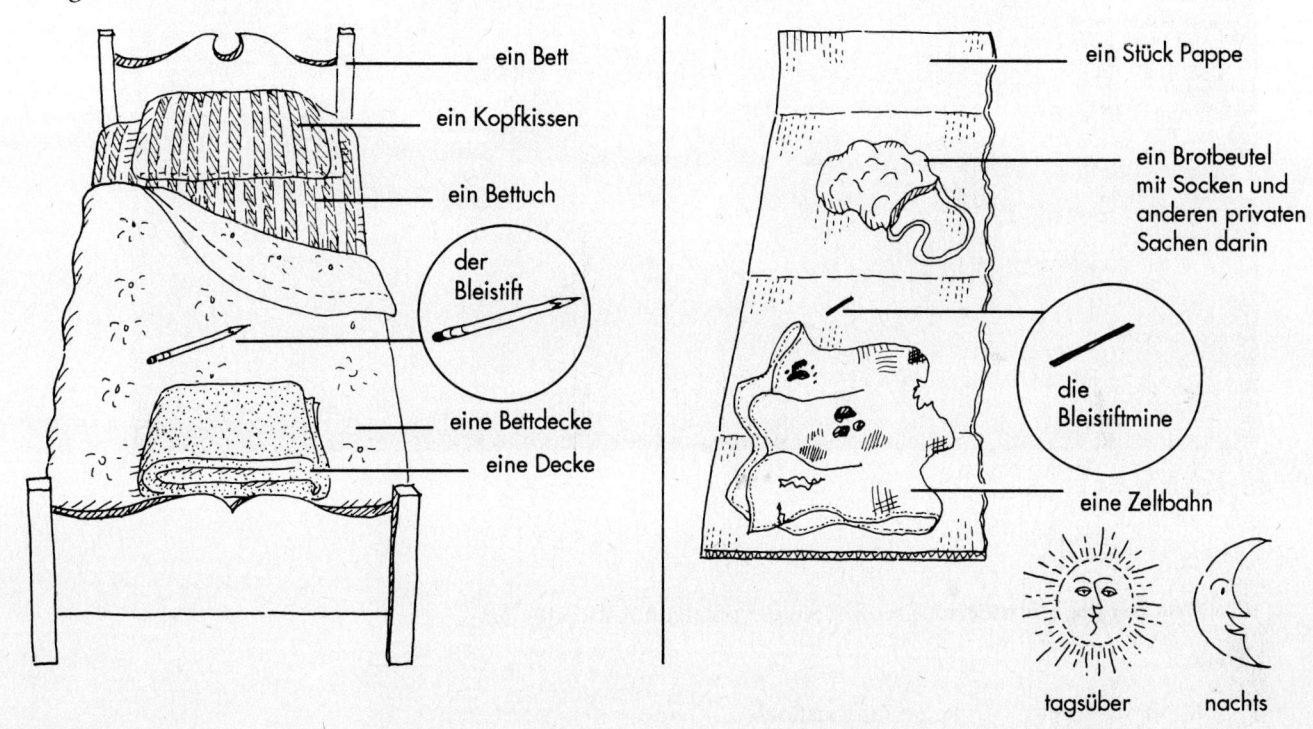

- ein Bett
- ein Kopfkissen
- ein Bettuch
- der Bleistift
- eine Bettdecke
- eine Decke

- ein Stück Pappe
- ein Brotbeutel mit Socken und anderen privaten Sachen darin
- die Bleistiftmine
- eine Zeltbahn

tagsüber   nachts

Und wie leben Sie? Beantworten Sie jede Frage mit einem vollständigen Satz.

[Fragen]

Kapitel 1   3

TEXT 2

Sie hören jetzt das Gedicht „Mein besitz" von Christa Reinig.

[„Mein Besitz" von Christa Reinig]

Einkaufsstraße in Dresden-Neustadt

C. Was hat die Dichterin? Kreuzen Sie die richtigen Antworten an.

[Fragen]

1. ja nein keine Information
2. ja nein keine Information
3. ja nein keine Information
4. ja nein keine Information
5. ja nein keine Information
6. ja nein keine Information
7. ja nein keine Information
8. ja nein keine Information

Name_____ Datum_____ Klasse_____

D. Für wen? Sie hören drei Fragen. Schreiben Sie die Nummer jeder Frage vor die richtige Antwort.

[Fragen]

_____ a. Für die Dichterin und ihre Freunde.

_____ b. Für die Dichterin und ihre Tanten und Onkel.

_____ c. Für die Dichterin und ihren Freund.

_____ d. Für die Dichterin und ihre drei besten Freundinnen, die sie aber leider gar nicht hat.

_____ e. Für die Dichterin und alle ihre Freunde und Freundinnen.

_____ f. Für die Dichterin und den Freund, den sie jedoch leider nicht hat.

E. Richtig oder falsch?

1. richtig   falsch
2. richtig   falsch
3. richtig   falsch
4. richtig   falsch
5. richtig   falsch
6. richtig   falsch

F. Schreiben Sie die fehlenden Wörter.

1. _____ sehen wir einen endlosen Himmel.

2. Unter diesem Himmel _____ auf der Erde.

3. Auf der Erde finden wir Städte _____.

4. In diesen Städten _____.

5. Kann Gras _____ einer Straße wachsen?

WEITERFÜHRUNG

A. Bei Meiers auf dem Dachboden

Familie Meier wohnt seit zwanzig Jahren in einem Einfamilienhaus mit einem großen Dachboden. Letzten Samstag beschlossen die Eltern, daß es höchste Zeit war, den Dachboden endlich einmal auszumisten, das heißt, nutzlose Dinge wegzuwerfen. Also machten sich Herr und Frau Meier und ihre beiden Kinder Petra und Andreas an die Arbeit.

Sie hören jetzt sechs kurze Dialoge. Machen Sie sich beim Zuhören Notizen in der Tabelle. Wählen Sie nach jedem Dialog die richtige Antwort auf die Frage, die Sie hören. In manchen Fällen ist mehr als eine Antwort möglich.

Karl-Heinz Meier   Hilde Meier   Andreas   Petra

[Dialog 1]

	Was will er?	Warum? / Welchen Wert hat es?
ANDREAS:		

Frage 1: . . .

  a. Andreas ist noch nicht alt genug, um sich rasieren zu müssen.

  b. Andreas hat schon einen elektrischen Rasierapparat.

  c. Wenn Andreas sich in ein paar Jahren rasieren muß, will sein Vater ihm einen elektrischen Rasierapparat kaufen.

  d. Das alte Rasierzeug ist zu kostbar für den Sohn.

[Dialog 2]

	Was will sie?	Warum? / Welchen Wert hat es?
PETRA:		

6   Kapitel 1

Name _____ Datum _____ Klasse _____

Frage 2: . . .

    a. Die Mutter will nicht, daß die Tochter ihre Geheimnisse liest.

    b. Es ist illegal, die Tagebücher von anderen Menschen zu lesen.

    c. Die Tochter muß lernen, die Privatsphäre anderer Menschen zu respektieren.

    d. Das Tagebuch ist uninteressant.

[Dialog 3]

	Was will sie?	Warum? / Welchen Wert hat es?
FRAU MEIER:		
PETRA:		

Frage 3: . . .

    a. Die Familie hat keinen Platz dafür.

    b. Nichts paßt zusammen.

    c. Die Schränke sind jetzt schon zu voll.

    d. Die alten Sachen sind nicht umweltfreundlich.

[Dialog 4]

	Was will er?	Warum? / Welchen Wert hat es?
HERR MEIER:		

Frage 4: . . .

    a. Nie.

    b. Vor vielen Jahren.

    c. Am Tag zuvor.

    d. Vor kurzem.

[Dialog 5]

	Was hat er gefunden?
ANDREAS:	

Frage 5: ...

    a. Um dieser Person zu danken.

    b. Die Frage ist sarkastisch gemeint.

    c. Weil er wissen will, wer so dumm war.

    d. Weil er findet, daß das eine gute Idee war.

[Dialog 6]

	Was hat er gefunden?
HERR MEIER:	

Frage 6: ...

    a. Weil er weiß, daß seine Frau nicht gern zeltet.

    b. Weil seine Frau seinen Vorschlag nicht gut findet.

    c. Weil er selber nicht gern campen geht.

    d. Weil er gern viel Geld für Hotels ausgibt.

B. Was man nicht alles haben kann. Sie hören nun eine Reihe von Minitexten. Schreiben Sie die Nummer des Minitextes vor den Satz, der am besten dazu paßt.

[Minitexte]

    a. _____ Am Anfang hatte er Heimweh.

    b. _1_ Sie haben großen Hunger.

    c. _____ Er hat keine Lust spazierenzugehen.

    d. _____ Sie hatte Durst.

    e. _____ Sie hat Pech bei der Stellensuche.

    f. _____ Er hatte gute Laune.

    g. _____ Sie hatte Glück im Unglück.

    h. _____ Er hatte Glück.

    i. _____ Sie hat Fernweh.

    j. _____ Sie hatte viel Spaß im Urlaub.

    k. _____ Er hatte Langeweile.

Name_____ Datum_____ Klasse_____

C. Studentenclique

Die Dichterin in „Mein besitz" hat keine Freundinnen und auch keinen Freund. Sie sagt, sie hat niemanden. Sabine dagegen kennt viele Studenten und Studentinnen, und sie hat auch einen Freund. Zwischen den beiden gibt es zur Zeit jedoch ein Problem.

Wie jeden Donnerstagabend treffen sich Sabine, Manfred und Heike auch heute abend in einer Studentenkneipe. Manfred und Heike sind schon seit zehn Minuten da, trinken beide ein Bier und warten auf Sabine.

Hören Sie dem Gespräch wenigstens zweimal zu, und machen Sie sich dazu Notizen in der Tabelle.

[Dialog]   Cavete: Münsters älteste Studentenkneipe

Manfred   Sabine   Heike   die Bedienung, -en / die Kellnerin, -nen

Wer trifft sich jede Woche?	
Wann?	
Wo?	
Was trinken sie dort?	

(→)

Kapitel 1   9

Mit wem hat Sabine ein Problem?	
Seit wann gehen Sabine und ihr Freund zusammen aus?	
Was macht der Freund jetzt?	
Was kann er nicht verstehen?	
Warum hat Sabine nur wenig Zeit für ihn?	

Name_____ Datum_____ Klasse_____

Kapitel 2

Neu in der Stadt, neu in Deutschland

HINFÜHRUNG

A. Aussprache: Sätze aus der Geschichte. Wiederholen Sie jeden Satz, und achten Sie dabei auf Ihre Aussprache.

1. Alles ist alle!
2. Ich spreche die Sprache nicht.
3. Der Taxameter im Taxi tickt.
4. Das Auto steht in einem Haufen Laub.
5. Ich möchte mich morgen immatrikulieren lassen.
6. Ich blicke in die billige Bäckerei am Bahnhof.
7. Ich weiß noch nicht Bescheid.
8. So schlecht stehe ich vielleicht nicht da.

B. Gegenteile. Jemand sagt etwas. Sie sagen das Gegenteil.

BEISPIEL: Sie hören: Ich sage „teuer".
Sie sagen: Ich sage „billig".
Sie hören: Haben Sie „billig" gesagt?
Sie sagen: Ja.

[Sätze]

alt, kurz, konservativ, rechts, unfreundlich, billig, langhaarig, dunkel, ruhig, müde, groß, kommunistisch

Kapitel 2   11

C. Der Wetterbericht. Sie hören den Wetterbericht für heute und morgen.

[Wetterbericht]

Beantworten Sie jetzt einige Fragen in vollständigen Sätzen mit Hilfe der Wetterkarte.

[Fragen]

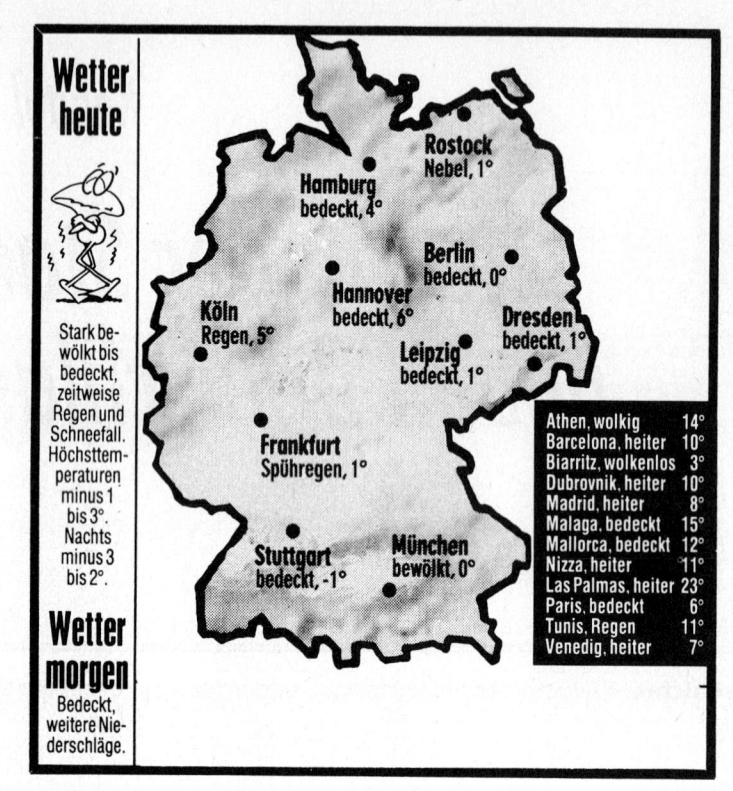

Wetter heute

Stark bewölkt bis bedeckt, zeitweise Regen und Schneefall. Höchsttemperaturen minus 1 bis 3°. Nachts minus 3 bis 2°.

Wetter morgen

Bedeckt, weitere Niederschläge.

- Rostock Nebel, 1°
- Hamburg bedeckt, 4°
- Berlin bedeckt, 0°
- Köln Regen, 5°
- Hannover bedeckt, 6°
- Dresden bedeckt, 1°
- Leipzig bedeckt, 1°
- Frankfurt Sprühregen, 1°
- Stuttgart bedeckt, -1°
- München bewölkt, 0°

Athen, wolkig	14°
Barcelona, heiter	10°
Biarritz, wolkenlos	3°
Dubrovnik, heiter	10°
Madrid, heiter	8°
Malaga, bedeckt	15°
Mallorca, bedeckt	12°
Nizza, heiter	11°
Las Palmas, heiter	23°
Paris, bedeckt	6°
Tunis, Regen	11°
Venedig, heiter	7°

$C° \rightarrow F°$ $\qquad$ $F° \rightarrow C°$

$1.8 \times C° + 32 = F°$ $\qquad$ $\dfrac{F° - 32}{1.8} = C°$

1. $-3°C = $ _____ °F
2. $7°C = $ _____ °F
3. $10°C = $ _____ °F
4. $23°C = $ _____ °F

Wie warm oder kalt ist es heute da, wo Sie wohnen? _____ °F / _____ °C

Kapitel 2

Name_____ Datum_____ Klasse_____

TEXTARBEIT

Sie hören jetzt den Anfang der Geschichte „Verfahren" von Helga M. Novak.

[„Verfahren" von Helga M. Novak, Absätze 1–3]

Eine abendliche Straßenecke in Berlin

A. Was wissen Sie über den Ich-Erzähler? Markieren Sie alle richtigen Antworten auf jede Frage.

[Fragen]

1. a. Er kommt in der Stadt an.
   b. Er winkt einem Taxifahrer.
   c. Er öffnet die Tür des Taxis.
   d. Er setzt sich ins Taxi hinein.
2. a. Das Land.
   b. Die Stadt.
   c. Nur einige Wörter in der Fremdsprache.
   d. Nichts von alledem.

Kapitel 2   13

3. a. Deutsch an der Universität.
   b. Medizin.
   c. Das Wörterbuch.
   d. Taxi fahren.

4. a. Es ist gegen Mittag.
   b. Es ist schon spät am Abend beziehungsweise Nacht.
   c. Es ist früh am Morgen.
   d. Es ist Spätnachmittag.

5. a. Er ist müde.
   b. Er wird wohl einschlafen.
   c. Er will wohl ins Bett gehen.
   d. Er ist hellwach und munter.

Jetzt geht die Geschichte weiter.

[„Verfahren" von Helga M. Novak, Absätze 4–5]

B. Was passiert? Antworten Sie kurz auf jede Frage.

[Fragen]

Jetzt hören Sie den nächsten Teil der Geschichte.

[„Verfahren" von Helga M. Novak, Absatz 6]

C. Unterwegs. Ist jeder Satz richtig oder falsch?

1. richtig   falsch   3. richtig   falsch   5. richtig   falsch
2. richtig   falsch   4. richtig   falsch   6. richtig   falsch

Die Geschichte geht weiter.

[„Verfahren" von Helga M. Novak, Absatz 7]

D. Stimmt das oder nicht? Sie hören Sätze. Sagen Sie nach jedem Satz entweder „ja, das stimmt" oder „nein, das stimmt nicht". Zu jedem Satz, der nicht stimmt, hören Sie eine kurze Erklärung.

[Sätze]

Was macht der Taxifahrer? Was macht der Student? Hören Sie zu.

[„Verfahren" von Helga M. Novak, Absätze 8–9]

E. Warum? Sie hören den Anfang eines Satzes. Wählen Sie den Nebensatz, der den Satz am besten vervollständigt, und schreiben Sie die Nummer des Satzanfanges davor.

[Satzanfänge]

_____ weil sie nicht mehr in der Stadt, sondern wahrscheinlich in einer Vorstadt herumfahren.

_____ weil er zum Bahnhof will und der Taxifahrer anscheinend nicht zum Bahnhof fährt.

Name_____ Datum_____ Klasse_____

    __*1*__ weil er wahrscheinlich einen bösen Plan hat.

    _____ weil er schon sehr müde ist und nicht weiß, wo er ist oder was er tun kann.

    _____ weil der Taxifahrer gar nicht zum Bahnhof fährt, sondern kreuz und quer durch die Stadt und die Vorstädte, wahrscheinlich um viel Geld zu verdienen.

Jetzt hören Sie das Ende der Geschichte.

[„Verfahren" von Helga M. Novak, Absatz 10]

F. Wer macht was? Sie hören Fragen. Markieren Sie zu jeder Frage „Student" oder „Taxifahrer".

[Fragen]

1. Student   Taxifahrer
2. Student   Taxifahrer
3. Student   Taxifahrer
4. Student   Taxifahrer
5. Student   Taxifahrer
6. Student   Taxifahrer

WEITERFÜHRUNG

A. Nicht verfahren!

1. Es gibt auch nette Taxifahrer und -fahrerinnen in Deutschland. So ein Fahrer steht gerade mit seinem Taxi vor dem Bahnhof und wartet auf einen Fahrgast. Hören Sie dem Dialog zu.

[Dialog]

Wählen Sie jetzt die richtige Antwort auf jede Frage.

[Fragen]

1. a. „Ist dieser Platz frei?"
   b. „Ist dieses Taxi frei?"
2. a. „Ja! Wohin möchten Sie denn?"
   b. „Ja! Steigen Sie bitte ein."
3. a. Sie will zu einem Restaurant fahren.
   b. Sie will zu einem Hotel fahren.
4. a. Er heißt „Zum Roß".
   b. Er heißt „Zum Bären".
5. a. Sie sind billig und sauber.
   b. Sie sind klein und preiswert.
6. a. Zu Fuß braucht man nur ein paar Minuten zum Gasthof.
   b. Mit dem Auto sind es nur ein paar Minuten vom Bahnhof zum Gasthof.

7. a. Sie hat einen großen Koffer und eine Reisetasche.
   b. Sie hat zwei Koffer.
8. a. Sie hat schon viele Sachen gekauft, die sie nach Hause mitbringen will.
   b. Sie hat viel darin, weil sie ein ganzes Jahr in Deutschland verbringen wird.

2. Was sagen die Frau und der Taxifahrer auf dem Weg zum Gasthof über sich selbst? Hören Sie jetzt den zweiten Teil des Dialogs, und vervollständigen Sie die Notizen.

[Dialog]

DIE FRAU
- ist _____ an der Uni.
- spricht _____ Deutsch.
- kommt aus _____.
- hat in _____ Deutsch studiert.

DER TAXIFAHRER
- war noch nie in _____.
- fährt ab und zu mit _____ nach _____ oder _____.

DIE FRAU
- möchte Deutschland, _____ und _____ sehen.
- freut sich auf _____.
- muß morgen in ihr Zimmer im _____ einziehen.
- muß sich in _____ orientieren.
- muß zuerst ein Semester lang _____, bevor sie reisen kann.

Beantworten Sie jetzt jede Frage mit Hilfe Ihrer Notizen.

[Fragen]

3. Das Taxi hält vor dem Gasthof an. Hören Sie sich jetzt das Ende des Dialogs an. Füllen Sie die Sprechblasen aus, und beantworten Sie dann die Fragen.

[Dialog]

Name_____ Datum_____ Klasse_____

[Speech bubble 1]: Das macht ____ Mark ____.

[Speech bubble 2]: Hier sind ____ Mark. Das so.

[Sign]: ZUM BÄREN

Geben Sie eine kurze Antwort auf jede Frage.

[Fragen]

Quittung

Firma/Herrn/Frau/Frl.
Für Stadt-/Krankenfahrt

von _____

nach _____

DM _____

10.50

dankend erhalten

Taxi-Nr. **57**   Pol. Kennz.

Datum/Unterschrift   15.9

Sie fuhren in einem Mercedes.

Mercedes-Benz Pkw sind sicher, schnell, komfortabel, wirtschaftlich, zuverlässig und wertbeständig. Nicht die Aufzählung allein, sondern vor allem die vollendete Kombination dieser Eigenschaften machen Mercedes-Benz Personenwagen zu einzigartigen Automobilen.

Kapitel 2   17

B. Im Fremdenverkehrsamt. Sie hören jetzt eine Serie von drei Dialogen zwischen einer Angestellten im Fremdenverkehrsamt und Reisenden, die in der Stadt übernachten wollen. Machen Sie sich dabei Notizen in der Tabelle.

[Dialog 1]

Hildegard Braun   die Angestellte

[Dialog 2]

Familie Petersen

[Dialog 3]

Horst   Manfred

Name_____ Datum _____ Klasse_____

	FRAU BRAUN	HERR PETERSEN	HORST
Mit wem reist sie/er?			
Was sucht sie/er zum Übernachten?			
Was für eine Unterkunft findet sie/er?			
Wo ist das?			
Wieviel kostet die Übernachtung da?			
Ist das Frühstück im Preis inbegriffen?			
Was bekommt sie/er im Fremdenverkehrsamt?			

Zum Spaß: Füllen Sie die Postkarte aus.

Sehr geehrter Gastgeber!
Dear Horst,

Ihre Anschrift habe ich dem Katalog »Ossiacher See 1991« entnommen.
I have taken your address from the catalogue "Lake Ossiach 1991"

Ich bin an einem Ferienaufenthalt in Ihrem Haus interessiert und ersuche Sie, mir ein Angebot zu erstellen.
I am interested in spending my holidays in your establishment and request that you make me an offer.

Termin von (Anreise) _____ **bis** _____ **(Abreise)**
Dates from (arrival)   to   (departure)

____ **Einbettzimmer** ☐ **mit Fließwasser** ☐ **mit Bad oder Dusche/WC**
     Single room   with running water   with bath or shower/WC

____ **Doppelzimmer** ☐ **mit Fließwasser** ☐ **mit Bad oder Dusche/WC**
     Double room   with running water   with bath or shower/WC

____ **Appartement für** ____ **Personen.**
     Apartment for   persons.

☐ **VOLLPENSION**   ☐ **HALBPENSION**   ☐ **Zi./FRÜHSTÜCK**
  Full-board   Half-board   Bed and breakfast

_____ **, am** _____   **Unterschrift**
          Date   Signature

Zutreffendes bitte ankreuzen! ⊗
Please tick where applicable

C. Wer braucht dringend ein Zimmer? In Deutschland gibt es nicht viele Studentenwohnheime. Die meisten Studierenden müssen also privat wohnen, ob sie wollen oder nicht. Wohnungsnot ist daher also ein großes Problem, besonders am Anfang des Semesters. Jetzt hören Sie ein Gespräch zwischen einigen Studenten in der Mensa einer deutschen Universität.

[Dialog]

Name_____ Datum _____ Klasse_____

Wer: Esperanza oder Roy? Beantworten Sie jede Frage einfach mit dem richtigen Namen.

[Fragen]

AStA
ErstsemesterInnen-PARTY

Musik und Theater live

Donnerstag, 25. April
Beginn: 20 Uhr
Schloßfoyer der Universität Münster
Karten gibt es bei allen Fachschaften und im AStA
Kostenpunkt: 4,-DM

D. Was ist Esperanzas Problem, und wie kann sie es lösen? Stellen Sie jetzt den Kassettenrecorder ab, und schreiben Sie einen kurzen Absatz, in dem Sie diese Frage beantworten. Wenn nötig, hören Sie sich das Gespräch und die Fragen, die ihm folgen, noch einmal an, und machen Sie sich dabei Notizen.

Name_____ Datum_____ Klasse_____

Kapitel 3
Einander kennenlernen, miteinander umgehen

HINFÜHRUNG

A. Aussprache: Zum Bekanntmachen. Man sagt und hört die folgenden Ausdrücke unter Studenten und privat unter jungen Leuten. Wiederholen Sie jeden Ausdruck, und achten Sie dabei auf Ihre Aussprache.

Guten Tag!

Wie geht's?

Es geht mir gut, danke.

Und dir?

Auch gut, danke.

Schönes Wetter, nicht?

Wie heißt du?

Studierst du hier?

Woher kommst du?

Was machst du gern?

Hast du Geschwister?

Wo wohnt deine Familie?

B. Dialoge zum Bekanntmachen. Hören Sie jedem Dialog zu, und beantworten Sie jede Frage dazu mit einem vollständigen Satz.

[Dialog 1: Peter und Karin]

[Fragen]

[Dialog 2: Herr und Frau Ludwig und Frau Hoffmann]

[Fragen]

[Dialog 3: Christine Ganzert, Walter Schmitt, Stefan Henke]

[Fragen]

Name_____ Datum_____ Klasse_____

C. Das Wetter. Schauen Sie sich die österreichische Wetterkarte an, und beantworten Sie jede Frage mit einem vollständigen Satz.

[Fragen]

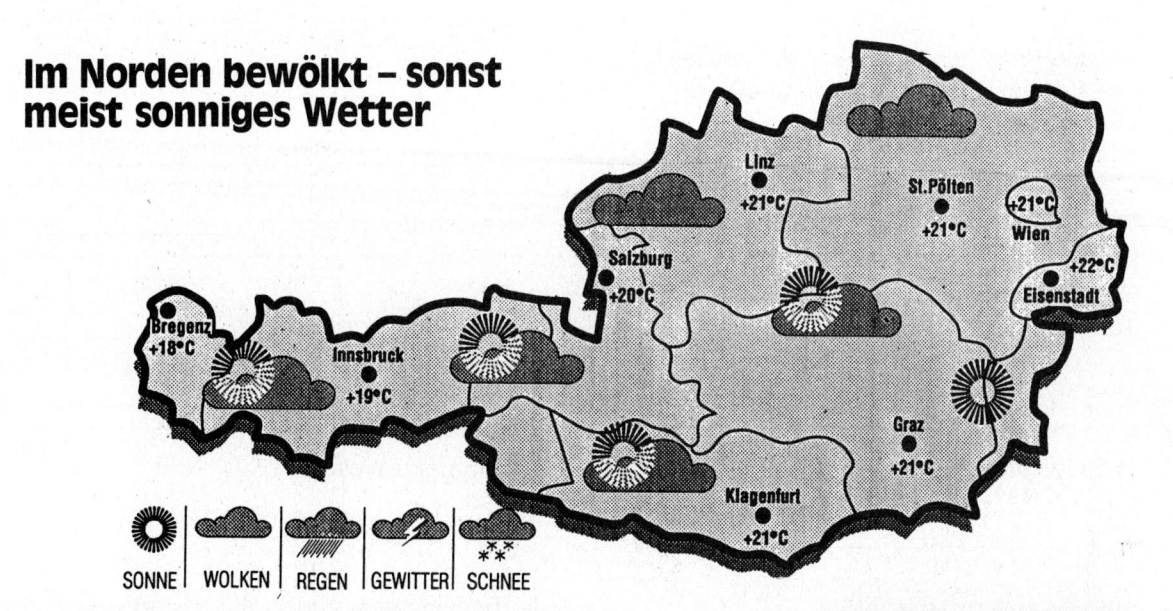

Im Norden bewölkt – sonst meist sonniges Wetter

Bregenz +18°C
Innsbruck +19°C
Salzburg +20°C
Linz +21°C
St. Pölten +21°C
Wien +21°C
Eisenstadt +22°C
Klagenfurt +21°C
Graz +21°C

SONNE | WOLKEN | REGEN | GEWITTER | SCHNEE

Auslandswetter

Athen: Regenschauer, 19
Berlin: Regenschauer, 17
Budapest: wolkig, 23
Frankfurt: heiter, 18
Hamburg: Regen, 11
Istanbul: heiter, 18
Lissabon: heiter, 26
London: Regensch., 17
Madrid: heiter, 23
Mailand: heiter, 26
Moskau: bedeckt, 16
München: heiter, 21
Oslo: wolkig, 15
Palermo: heiter, 20
Paris: heiter, 18
Rom: wolkig, 25
Stockholm: heiter, 15
Warschau: Regen, 17
Zürich: wolkig, 20

D. Das Wetter heute in Europa. Hören Sie sich den Wetterbericht für Europa an, und ergänzen Sie das Raster auf Seite 26.

[Wetterbericht]

WO	WETTER UND TEMPERATUREN
in _Nordeuropa_	→ Störungen
auf den Britischen Inseln, in Nordfrankreich, den Beneluxländern, in Mittel- und Norddeutschland, Polen, Skandinavien und Finnland	→ _____ Tageshöchsttemperaturen: _____
in Rumänien, Bulgarien, Griechenland und in der Türkei	→ _____ Tageshöchsttemperaturen: _____
in Südwesteuropa in _____ und _____ im westlichen Mittelmeerraum	→ störungsfreies Wetter → die Temperaturen in den Mittagsstunden: _____ → _____ die Temperatur: _____

E. Und wie ist das Wetter heute, wo Sie wohnen? Beantworten Sie jede Frage mit einem vollständigen Satz.

[Fragen]

TEXTARBEIT

TEXT 1

Jetzt hören Sie die ersten zwei Absätze der Geschichte von Roda Roda.

[„Mein erstes Abenteuer" von Roda Roda, Absätze 1–2]

Name_____ Datum _____ Klasse_____

Der Prater in Wien: Seit 1897 ist das Riesenrad eine der Hauptattraktionen dort.

A. Landleute und Stadtleute. Sie hören Sätze, die Rodas Ansichten von Landleuten und Stadtleuten erklären. Markieren Sie die Nummer jedes Satzes in der richtigen Kategorie.

[Sätze]

Rodas Meinung nach sind

        Landleute so: 1 2 3 4 5 6 7

    und Stadtleute so: 1 2 3 4 5 6 7

Leute aus Stadt & Land

Kapitel 3

B. Wie sind Sie? Welche Adjektive beschreiben Ihre Persönlichkeit? Beantworten Sie jede Frage mit „ja" oder „nein". Wenn Ihre Antwort „ja" ist, schreiben Sie einfach das Adjektiv. Wenn Ihre Antwort „nein" ist, schreiben Sie zuerst das Wort „nicht" und dann das Adjektiv.

BEISPIELE: Sind Sie charmant?
Sind Sie naiv?

BEISPIELE: _charmant_
nicht naiv

_____
_____
_____
_____
_____

Die Geschichte von Roda Roda geht weiter. Hören Sie zu.

[„Mein erstes Abenteuer" von Roda Roda, Absatz 3]

C. Roda und seine Phantasie. Wählen Sie die richtigen Antworten. Manche Fragen haben mehr als eine Antwort.

[Fragen]

1. a. In Wien.
   b. Auf dem Land.
   c. In Ungarisch-Altenburg.

2. a. Von den jungen Wienerinnen.
   b. Von den Süßigkeiten in den Konditoreien Wiens.
   c. Von den vielen Läden und Geschäften Wiens.

3. a. Die Frauen von Ungarisch-Altenburg.
   b. Die süßen Mädchen Wiens.
   c. Frauen in Seidenkleidern.

4. a. Seiner Phantasie nachzulaufen.
   b. Nach Wien zu fahren.
   c. Seidenkleider zu tragen.

5. a. Nach einem „süßen Wiener Mädel".
   b. Nach einer „kleinen Frau" in Seidenkleidern.
   c. Nach einer großen, adeligen Frau in Seidenkleidern.

6. a. Kleider aus Seide.
   b. Umlegekragen.
   c. Strümpfe aus Wolle.

Name_____ Datum _____ Klasse_____

D. Der Plan. Welchen Rat gibt Eugen seinem Vetter? Wo soll Roda sein? Um wieviel Uhr soll er da sein? Wer soll da angeblich vorbeigehen? Woher kommen diese Personen? Wohin gehen sie? Was soll Roda machen? Hören Sie jetzt dem nächsten Teil der Geschichte zu.

[„Mein erstes Abenteuer" von Roda Roda, Absätze 4–7]

Jetzt hören Sie den Rat des Vetters noch einmal. Ergänzen Sie dabei das Raster.

	DER PLAN
Wann?	
Wo?	
Wer geht da?	
Woher?	
Wohin?	
Was tun?	

E. Wie sahen die Frauen auf der Mariahilferstraße aus? Hören Sie den nächsten Teil der Geschichte, und schreiben Sie (wie im Beispiel) Rodas numerische Bezeichnung für jede Frau vor deren Beschreibung. Stellen Sie jedoch zuerst den Kassettenrecorder kurz ab, und lesen Sie die Beschreibungen auf Seite 30.

[„Mein erstes Abenteuer" von Roda Roda, Absätze 8–13]

Kapitel 3 **29**

_____ sah wie eine Sektionsratsgattin aus.

_____ sah aus, als ob sie schon eine Verabredung hätte.

_____ sah aus, als ob sie sich für einen jungen Mann auf der anderen Straßenseite interessierte.

_____ sah besonders schön aus, aber Roda fehlte die Courage, sie anzusprechen. Die Frau war auch schon vorbeigegangen, bevor Roda etwas zu ihr sagen konnte.

____*Die erste*_____ sah wie ein Ladenmädchen aus, weil sie ein gewisses kleines Beutelchen trug.

_____ sah geschminkt aus. (Sie hatte Lippenstift, Mascara, Lidschatten, Puder, Rouge usw. aufgetragen.)

Die Geschichte geht weiter.

[„Mein erstes Abenteuer" von Roda Roda, Absätze 14–19]

F. Der Kontakt. Benutzen Sie die folgenden Stichwörter, und beantworten Sie jede Frage mit einem vollständigen Satz.

>   BEISPIEL: sich vorstellen
>   SPR: Was wollte Roda zuerst machen?
>   SIE: Er wollte sich vorstellen.

[Fragen]

1. die Frau begleiten
2. die Frau küssen
3. drei
4. sieben
5. sechzehn

Die Geschichte geht weiter. Hören Sie zu.

[„Mein erstes Abenteuer" von Roda Roda, Absätze 20–34]

G. Wie nimmt Roda die Situation wahr? Was ist die Realität? Sie hören eine Frage und dann zwei Antworten: a und b. Welche Antwort beschreibt Rodas Wahrnehmung der Situation? Welche Antwort beschreibt die Realität? Schreiben Sie „a" und „b" in die richtigen Spalten.

[Fragen]

	RODAS WAHRNEHMUNG	DIE REALITÄT
1.	_____	_____
2.	_____	_____
3.	_____	_____
4.	_____	_____
5.	_____	_____

Jetzt hören Sie das Ende der Geschichte.

[„Mein erstes Abenteuer" von Roda Roda, Absätze 35–40]

Name _____ Datum _____ Klasse _____

H. Namen und Wörter. Welche Bedeutung haben diese Wörter in der Geschichte? Sie hören jede Definition zweimal. Schreiben Sie die Nummer der Definition hinter das Wort, zu dem die Definition paßt. Notieren Sie sich dann wie im Beispiel die Definition in Stichworten.

[Definitionen]

Lokal	____	_____
Breitensträter	____	_____
Daumenschraube	____	_____
Otto	____	_____
Varieté	_1_	Revue, Zirkus; wo Otto geboxt hat
Ungarisch-Altenburg	____	_____
Schatz	____	_____
Händedruck	____	_____
Boxmeisterschaft	____	_____

TEXT 2

Jetzt hören Sie den Anfang von Irmtraud Morgners Geschichte „Kaffee verkehrt".

Ein Kaffeehaus in Wien: Hier kann man stundenlang allein oder mit Bekannten sitzen. Es gibt hier immer was zu trinken, zu lesen und anzuschauen.

Kapitel 3

[„Kaffee verkehrt" von Irmtraud Morgner, Anfang]

A. Ausdrücke. Wie drückt die Ich-Erzählerin ihre Bewunderung für den Mann aus? Machen Sie einen Kreis um die Nummern der richtigen Antworten.

    1.   2.   3.   4.

Die Frauen unterhielten sich über das Aussehen des Mannes. Hören Sie zu.

[„Kaffee verkehrt" von Irmtraud Morgner, Ende des ersten Abschnitts]

B. Wie sah der Mann aus? Antworten Sie auf jede Frage mit einem vollständigen Satz.

[Fragen]

C. Und nachdem der Herr hereingekommen ist? Markieren Sie die richtige Antwort auf jede Frage.

[Fragen]

    1. a. Am Tisch neben den Frauen.

        b. In der Ecke des Lokals.

        c. Neben der Tür.

    2. a. Weil sie einander kaum hören konnten.

        b. Weil der Herr ihr Gespräch hören wollte.

        c. Weil sie wollten, daß der Herr jedes Wort hörte.

Die Geschichte geht weiter. Hören Sie zu.

[„Kaffee verkehrt" von Irmtraud Morgner, Abschnitt 2]

D. Verkehrte Situationen. Jetzt hören Sie Sätze, die den vorhergehenden Abschnitt zusammenfassen. Schreiben Sie die fehlenden Wörter, sowie Sie sie hören.

[Sätze]

    1. Die Frau bestellte einen doppelten Wodka _____ .

    2. Zum Zeichen, _____ , prostete die Ich-Erzählerin dem Mann zu.

    3. Die Ich-Erzählerin setzte sich neben den Mann, _____ _____ .

    4. _____ bestellte ihm die Ich-Erzählerin drei Gläser Sliwowitz.

    5. Es war _____ _____ , daß der Mann den Sliwowitz trank.

Hören Sie jetzt dem Ende der Erzählung zu.

[„Kaffee verkehrt" von Irmtraud Morgner, Ende]

32   *Kapitel 3*

Name _____ Datum _____ Klasse _____

E. Aktionen und Reaktionen. Jetzt hören Sie Sätze, die einige der Aktionen und Reaktionen der Ich-Erzählerin und des Mannes beschreiben. Schreiben Sie entweder „I" für „Ich-Erzählerin" oder „M" für „Mann" hinter die Nummer jedes Satzes.

[Sätze]

1. ____ 2. ____ 3. ____ 4. ____ 5. ____ 6. ____ 7. ____

WEITERFÜHRUNG

A. Eine besondere Anzeige. Sie hören jetzt einen Dialog zwischen einem Mann und einer Frau.

[Dialog]

„Matz" und „Matzi" sind Kosenamen. In ihrer Bedeutung und in ihrem Gebrauch erinnern diese Ausdrücke leicht an die schottisch-englischen Wörter „laddie" und „lassie".

„Matz" und „Matzi". Was wissen Sie durch die Anzeige? Ist jeder Satz richtig oder falsch?

[Sätze]

1. richtig   falsch
2. richtig   falsch
3. richtig   falsch
4. richtig   falsch
5. richtig   falsch
6. richtig   falsch
7. richtig   falsch
8. richtig   falsch

> **Guten Morgen, mein lieber Matz**
>
> schon wieder ist ein wundervolles Jahr mit Dir vorbei. Ich danke Dir für die vergangenen schönen 3 Ehejahre mit Dir und freue mich schon auf die nächsten wunderbaren Jahre.
>
> Für die bevorstehenden Prüfungen drücke ich Dir ganz fest die Daumen ... ich bin stolz auf Dich ...
>
> In Liebe   Deine Matzi
>
> KT634.12E

B. Eine Anzeige von Ihnen. Stellen Sie jetzt den Kassettenrecorder ab, und schreiben Sie eine kurze persönliche Anzeige für jemanden Ihrer Wahl. Die folgenden Fragen und Ausdrücke geben Ihnen Hinweise.

- Kennen Sie jemanden, der/die sich auf Prüfungen vorbereitet? Möchten Sie dieser Person „viel Glück" wünschen?
- Kennen Sie ein Ehepaar, das bald Hochzeitstag feiert? Möchten Sie ihm gratulieren?
- Gibt es jemanden, auf den/die Sie besonders stolz sind? Warum? Wer ist diese Person? Was hat diese Person gemacht?
- Kennen Sie jemanden, der/die krank ist? Möchten Sie dieser Person „gute Besserung" wünschen?
- Vermissen Sie jemanden? Möchten Sie diese Person einfach nett grüßen?

EINIGE HILFREICHE AUSDRÜCKE

Alles Gute zur ... / zum ...   Herzlichen Glückwunsch zur ... / zum ...
Auf Dich bin ich sehr stolz, weil ... Ich gratuliere ...! Gratuliere!
Gruß und Kuß!   Viel Glück bei der ... / beim ...
Gute Besserung!

Name_____ Datum _____ Klasse_____

Kapitel 4

Von der Kinderstube in die Erwachsenenwelt

HINFÜHRUNG

A. Aussprache: Richtungen. Wiederholen Sie jede Anweisung, und achten Sie dabei auf Ihre Aussprache. Die Pfeile auf dem Stadtplan [auf Seite 36] zeigen Ihnen, was Sie tun sollen. Folgen Sie beim zweiten Hören jedem Pfeil mit einem Bleistift oder Kugelschreiber, während Sie die Anweisung hören.

1. Gehen Sie geradeaus über die nächste Querstraße!
2. Gehen Sie links um die Ecke!
3. Gehen Sie an der dritten Ecke nach links!
4. Gehen Sie dann durch den Park!
5. Gehen Sie quer über den Platz!
6. Gehen Sie im Kreisverkehr links in die zweite Straße!
7. Biegen Sie an der ersten Kreuzung links ab.
8. Gehen Sie dann immer weiter geradeaus zum Fluß!
9. Gehen Sie links bis zur Brücke!
10. Biegen Sie rechts ab, und überqueren Sie die Brücke!

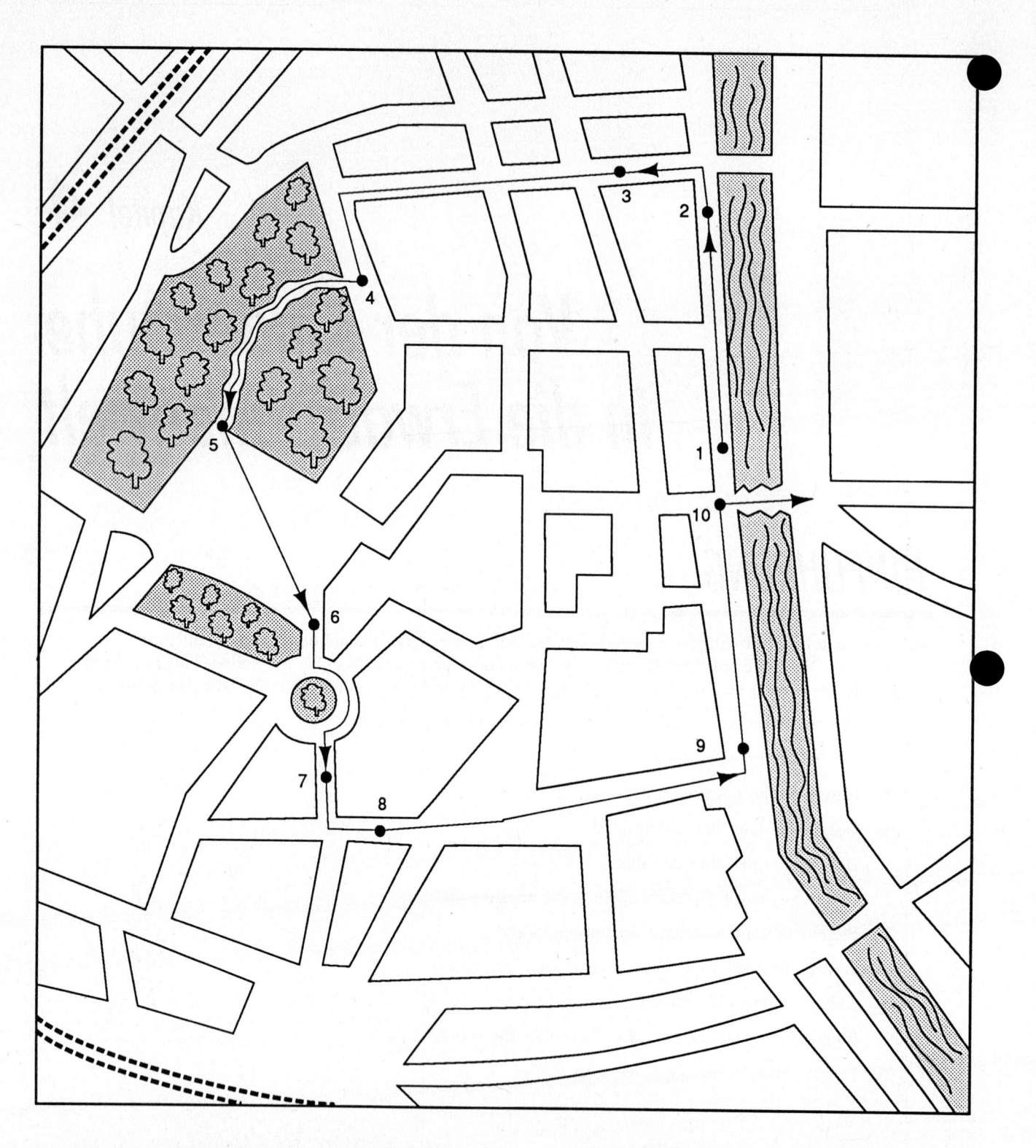

B. Haben Sie alle Anweisungen richtig befolgt? Schauen Sie sich den Stadtplan aus Aktivität A an, und bestätigen Sie die Route Ihres Spazierganges.

BEISPIEL: SPR: 1. Sind Sie geradeaus über die nächste Querstraße gegangen?
SIE: Ja, ich bin geradeaus über die nächste Querstraße gegangen.

[Fragen über Anweisungen 1–10 aus Aktivität A]

36   Kapitel 4

Name_____ Datum_____ Klasse_____

C. Ein Stadtbummel. Jetzt sind Sie auf einen Spaziergang durch eine deutsche Universitätsstadt gut vorbereitet. Folgen Sie jeder Richtungsanweisung mit dem Bleistift auf dem Stadtplan. Schreiben Sie den Namen jedes Gebäudes, sowie Sie ihn hören. Wir fangen am Bahnhof an.

[Richtungsanweisungen 1–11]

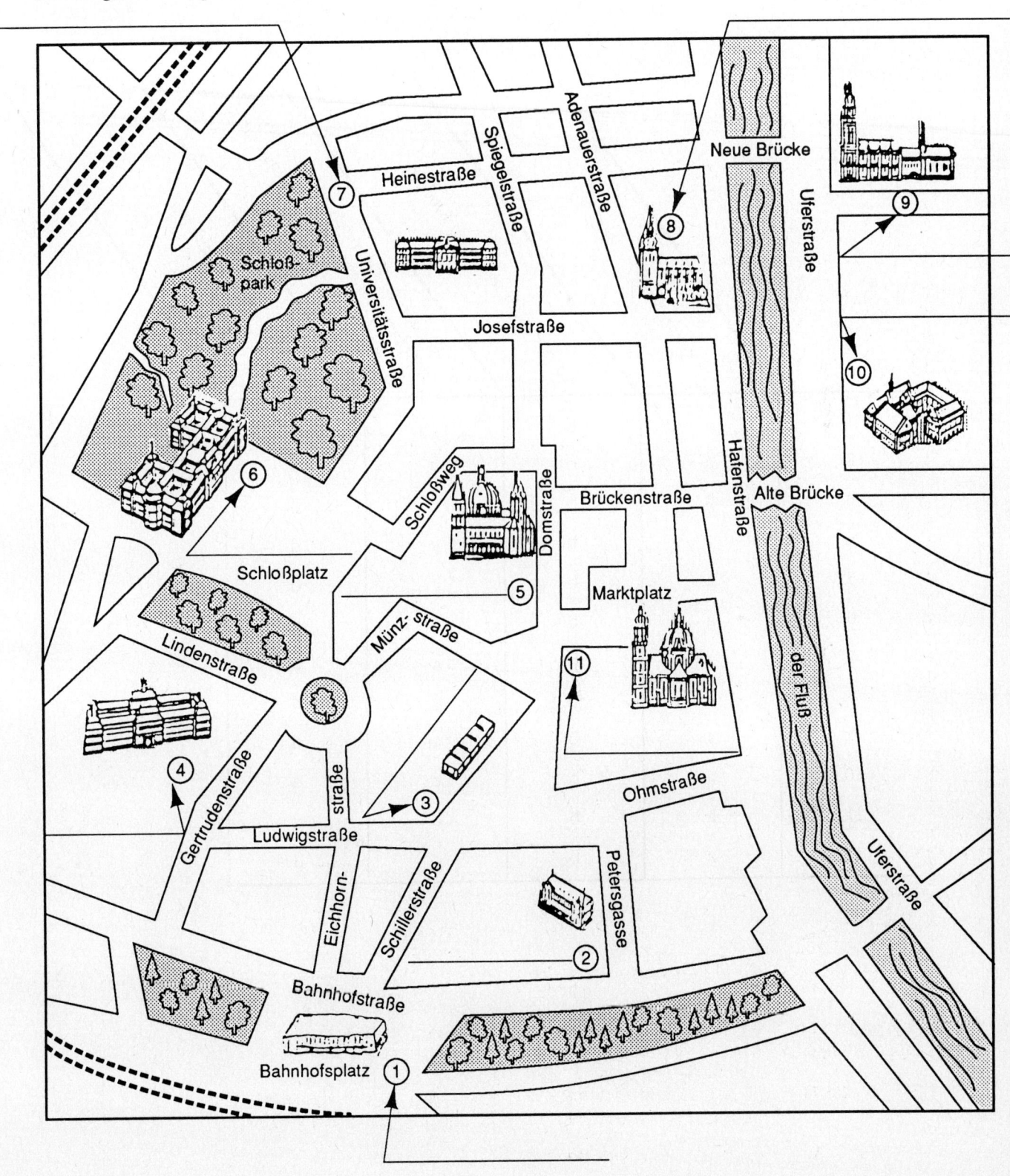

Kapitel 4   37

D. Aufforderungen und Befehle. Was sagt man zu einem Kind? zu zwei oder mehreren Kindern? zu einem oder mehreren Erwachsenen, mit dem beziehungsweise mit denen man nicht per du ist? zu sich selbst und anderen?

[Anweisungen]

	zu einem Kind	zu zwei oder mehreren Kindern	zu einem oder mehreren Erwachsenen, mit dem beziehungsweise denen man nicht per du ist	zu sich selbst und anderen
1.	a	b	c	d
2.	a	b	c	d
3.	a	b	c	d
4.	a	b	c	d
5.	a	b	c	d
6.	a	b	c	d
7.	a	b	c	d
8.	a	b	c	d
9.	a	b	c	d
10.	a	b	c	d
11.	a	b	c	d
12.	a	b	c	d

Name _____ Datum _____ Klasse _____

BITTE ISS NICHT WIE EIN SCHWEIN!

E. Was sagen die Leute? Schauen Sie sich das Bild an, und beantworten Sie jede Frage mit einem vollständigen Satz.

[Fragen]

- Der Plan ist wirklich gut. — Herr Sievers
- Der Plan ist doof. — Herr Dr. Kraus
- Der Plan wird viel Gutes bewirken. Ich glaube voll daran. — Frau Dr. Stiebel
- Ich glaube auch an den Plan. — Frau Hansen
- Dieser Plan wird Millionen kosten. — Herr Franke
- Ich habe die Kosten nicht vergessen. — Frau Keil
- Wir werden große Probleme mit diesem Plan haben. — Herr Brandt
- Der Plan wird viel zuviel kosten. — Frau Röttger

Kapitel 4   39

TEXTARBEIT

TEXT 1

Sie hören jetzt ein Gedicht von Uwe Timm.

[„Erziehung" von Uwe Timm]

Ein Kind in Offenbach will sich ein Video ansehen.

A. Was soll das Kind tun? Sie hören einige Zeilen aus dem Gedicht. Sagen Sie, was das Kind tun soll.

    BEISPIEL: SPR: laß das
                     SIE: Das Kind soll das lassen.

[Zeilen]

B. Was muß das Kind tun? Was darf es nicht tun?

    BEISPIELE: SPR: laß das
                      SIE: Das Kind muß das lassen.
                     SPR: nimm das nicht in den Mund
                     SIE: Das Kind darf das nicht in den Mund nehmen.

[Zeilen]

Name_____ Datum_____ Klasse_____

TEXT 2

Jetzt hören Sie den ersten Teil des Prosatextes „lernprozesse" von Werner Kofler. Vervollständigen Sie die Notizen über den Text auf Seite 42.

[„lernprozesse" von Werner Kofler, Absätze 1–8]

Mädchen in Trachten spielen im Stubaital in Tirol. Trägt man in Nordamerika auch manchmal Trachten? Welche?

Kapitel 4   41

Was hat der Autor gelernt?
Er hat gelernt,

1. schön zu _____ und

   nach _____.

2. (den Erwachsenen) zu _____.

3. „mein" und „dein" zu _____.

4. die zehn Gebote zu _____.

5. die sieben Todsünden zu _____.

6. die Heilige Dreieinigkeit zu _____.

7. die drei goldenen „t" des Sports zu _____.

8. laut und deutlich zu _____.

9. die Hand zu _____.

10. einen Diener zu _____.

Jetzt hören Sie den Rest des Prosatextes von Werner Kofler. Ergänzen Sie dabei die fehlenden Adjektive, sowie Sie sie hören. Sie hören den Text zweimal.

[„lernprozesse" von Werner Kofler, Ende]

ich habe gelernt
die menschen einzuteilen

in _____ und _____

_____ kundschaftn und _____

_____ kirchengeher und _____

_____ kommuniongänger und _____

_____ leute und gesindel.

beim geld aber
ist mir beigebracht worden
sei es egal
von wem es komme;
es sei von allen,

_____ und _____

_____ kundschaftn und _____

_____ kirchengehern und _____

_____ kommuniongehern und _____

_____ leuten und vom gesindel

gleichermaßen willkommen.

C. Und Sie? Antworten Sie auf die folgenden Fragen.

[Fragen]

42 *Kapitel 4*

Name_____ Datum _____ Klasse_____

TEXT 3

Jetzt hören Sie „Podiumsdiskussion" von Helmut Heissenbüttel. Neun Männer werden als Teilnehmer in der Diskussion erwähnt. Machen Sie jedesmal einen Strich über den entsprechenden Mann, wenn er erwähnt wird.

BEISPIEL: Sie hören: der erste meint nicht daß
Sie machen einen Strich:

[„Podiumsdiskussion" von Helmut Heissenbüttel]

D. Der Grad der Teilnahme. Schauen Sie sich das Bild und Ihre Strichliste an. Beantworten Sie dann kurz jede Frage.

[Fragen]

Kapitel 4   43

WEITERFÜHRUNG

Probleme und Ratschläge. Sie hören jetzt einen Ausschnitt aus „Plus minus zwanzig", einer Radiosendung für Jugendliche und ihre Eltern. Am Ende dieser Sendung werden immer Briefe von Jugendlichen und Eltern vorgelesen, in denen diese ihre Probleme miteinander vortragen und andere Hörer um ihre Meinung oder ihren Rat bitten.

1. Hören Sie gut zu, und füllen Sie die folgende Tabelle stichwortartig aus.

[Ausschnitt aus „Plus minus zwanzig"; Briefe von Sabine Müller, Martin Neubauer und Frau Kruse]

	SABINE MÜLLER	MARTIN NEUBAUER	FRAU KRUSE
wer er/sie ist (Elternteil oder Jugendlicher/Jugendliche:)			
Alter:			
mit wem er/sie ein Problem hat:			
das Problem:			
seine/ihre Argumente:			
was er/sie schon getan hat, um das Problem zu lösen:			
die Argumente/Reaktionen der anderen Person(en):			

44   *Kapitel 4*

Name_____ Datum_____ Klasse_____

2. Stellen Sie jetzt den Kassettenrecorder ab, und schreiben Sie einen Antwortbrief an eine der Personen.

Hier sind einige Ideen, wie Sie diesen Brief schreiben können, aber bitte benutzen Sie von dieser Liste nur, was Sie gebrauchen können oder was zutrifft. Natürlich können Sie auch ganz anders vorgehen.

- Sie fassen das Problem anfangs kurz zusammen.
- Sie lassen die Person wissen, wie Sie das Problem empfinden: als (un)wichtig, (un)typisch, ernst / nicht so ernst, _____?_____
- Sie schreiben der Person, warum Sie (nicht) auf ihrer Seite sind, und/oder Sie schlagen einen Kompromiß vor.
- Sie lassen die Person wissen, warum Sie qualifiziert sind, ihr Rat zu geben. Vielleicht waren Sie / Ihr Freund / Ihre Freundin einmal in einer ähnlichen Situation. Was haben Sie / Ihr Freund / Ihre Freundin dann gemacht? Warum hat das (nicht) funktioniert?
- Sie sagen der Person, was sie Ihrer Meinung nach machen soll, um das Problem zu lösen, oder worüber sie nachdenken soll.

Name_____ Datum_____ Klasse_____

Kapitel 5
Alltagsleben

HINFÜHRUNG

A. Aussprache: Wer macht was? Wiederholen Sie jeden Satz, und achten Sie dabei auf Ihre Aussprache.

Die Bäckerin bäckt Brot in der Bäckerei.

Der Verkäufer verkauft seine Waren.

Die Hutmacherin macht holländische Hüte.

Der Schuhmacher macht schöne Schuhe.

Die Brauerin braut Bier in der Bierbrauerei.

Der Weintrinker trinkt Wein aus einem Weinglas.

Die Kundin kauft Kaffee und Kaffeegeschirr.

B. Was trägt die Frau? Schauen Sie sich das Bild an, und beantworten Sie jede Frage mit einem vollständigen Satz. Achten Sie dabei wieder auf Ihre Aussprache.

[Fragen]

ROSMARIN, BASILIKUM, SALBEI, DILL UND PETERSILIE.

Meine Schwiegertochter liebt alles, was gesund und natürlich ist. Besonders gern kocht sie mit frischen Kräutern aus meinem Garten. Genau wie ich. So eine Frau wünscht sich jede Mutter für ihren Sohn.

ALNO® ...die Welt der Küche.

48   Kapitel 5

Name_____ Datum _____ Klasse_____

C. Was trägt der Herr auf dem Bild? Beantworten Sie jede Frage mit einem vollständigen Satz, und achten Sie dabei wiederum auf Ihre Aussprache.

[Fragen]

HERREN HOSEN HEISSEN HILTL!

HiLTL
HOSENMODE VOM BESTEN

REINE SCHURWOLLE

Bei Ihrem Herrenausstatter und im guten Fachgeschäft

Fritz Hiltl, Postfach 12 52, D-8458 Sulzbach-Rosenberg

D. Wie ist es? Wie könnte es sein?

BEISPIEL: SPR: Die Wurst ist billig.
                SIE: Sie könnte billiger sein.

[Sätze]

Kapitel 5   **49**

E. Ein Quiz zum Spaß: Sind Sie ein Sinnenmensch? Wie antworten Sie auf jede Frage? Markieren Sie ja oder nein.

[Fragen]

1. ja   nein
2. ja   nein
3. ja   nein
4. ja   nein

5. ja   nein
6. ja   nein
7. ja   nein
8. ja   nein

[Resultate]

Wie fanden Sie das Quiz? Kreuzen Sie an.

____ leicht   ____ schwer   ____ interessant   ____ langweilig

Meinen Sie, daß das Resultat auf Sie zutrifft?

____ ja   ____ nein

TEXTARBEIT

TEXT 1

Jetzt hören Sie die ersten drei Strophen von Elisabeth Borchers' Gedicht.

Oberammergau in Süddeutschland: Was meinen Sie? Haben die Bewohner dieses buntbemalten Hauses auch einen wirklichen Hund?

Name_____ Datum_____ Klasse_____

[„Die alte Frau von nebenan" von Elisabeth Borchers, Strophen 1–3]

A. Was geschah? Sie hören eine Nacherzählung vom ersten Teil des Gedichts. Schreiben Sie die fehlenden Wörter. Sie werden den Absatz zweimal hören.

[Nacherzählung]

Die Frau ging _____ und kaufte Brot

_____. Als sie aber

_____ kam, fand sie den Hund scheinbar

_____ vor. Weil sie dachte, daß ihr Hund gestorben war, brauchte die Frau

einen Sarg _____ . Sie ging also _____

und kaufte den Sarg, um _____ darin zu begraben. Als sie den

Sarg nach Hause brachte, erfuhr sie, daß ihr Hund _____, sondern

_____ war.

Jetzt hören Sie den Rest des Gedichts. Füllen Sie beim Hören die Tabelle aus.

[„Die alte Frau von nebenan" von Elisabeth Borchers, Strophen 4–14]

	WOHIN?	WAS?	WARUM?
1.	zum Metzger	_____	—
2.	ins Wirtshaus	eine Kanne _____	Der Hund hatte _____.
3.	ins Wirtshaus	einen Krug mit _____	—
4.	zum _____	Früchte	Der Wein war nicht _____ genug.
5.	zum Schneider	_____	Denn es wird bald _____ sein.
6.	zum _____	einen Hut	—
7.	zum Meister	_____	—
8.	zum Schuster	_____	—
9.	zum Händler	_____	—
10.	—	zwei _____	—

B. Interview. Beantworten Sie die folgenden Fragen.

[Fragen]

Kapitel 5 **51**

TEXT 2

Sie hören jetzt den ersten Teil eines Auszuges aus „Drei Variationen über meine Großmutter" von Irmtraud Morgner.

Dieser Pinzgauer Hochzeitsschrank von 1844 steht im Heimatmuseum in Salzburg.

[„Drei Variationen über meine Großmutter" von Irmtraud Morgner, Absatz 1]

C. Wie groß war der Schrank? Schauen Sie sich das Bild an, und schreiben Sie die Abmessungen des Schranks auf, sowie Sie sie hören.

Name_____ Datum_____ Klasse_____

D. Im Zimmer der Großmutter. Beantworten Sie jede Frage mit einem vollständigen Satz.

[Fragen]

Jetzt hören Sie den zweiten Teil der Geschichte.

[Auszug aus „Drei Variationen über meine Großmutter" von Irmtraud Morgner, Absatz 2]

E. Wenn die Großmutter Besuch hatte. Wählen Sie die richtige Antwort auf jede Frage.

[Fragen]

1. a. Kaffee.
   b. Tee.
2. a. Daß der Besuch Kaffee trank.
   b. Daß der Besuch trank, was er wollte.
3. a. Einen schwachen Willen.
   b. Einen starken Willen.
4. a. Ob der Besuch noch eine Tasse Kaffee wollte.
   b. Wie der Kaffee schmeckte.
5. a. Als Geburtstags- und Weihnachtsgeschenke von ihren Besuchern.
   b. Direkt vom Kaffee- und Teeladen.
6. a. Mindestens ein halbes Jahr.
   b. Nur ein paar Tage.
7. a. Wie guter, frischer und starker Kaffee.
   b. Nach dem Schrank der Großmutter.

F. Schränke. Was für Schränke haben Sie in Ihrem Zimmer, in Ihrer Wohnung oder in Ihrem Haus? Beantworten Sie jede Frage mit einem vollständigen Satz.

> BEISPIEL: SPR: Haben Sie einen Kühlschrank?
> SIE: Ja, ich habe einen Kühlschrank in meiner Küche.
> *Oder*: SIE: Nein, ich habe keinen Kühlschrank in meinem Studentenzimmer.

[Fragen]

Der Wäscheschrank
Ihr neues Einkaufsziel
für Schiesser Tag- und Nachtwäsche, Frottierwaren und Bademäntel
Andreas-Passage, 3200 Hildesheim, Telefon 3 39 50

G. Was haben Sie in welchem Schrank? Beantworten Sie jede Frage wie im Beispiel.

BEISPIEL: (der) Kaffee
Haben Sie Kaffee?
Ja, ich habe Kaffee in meinem (Küchenschrank).
Oder: Nein, ich habe keinen Kaffee bei mir zu Hause.

[Fragen]

(die) Wäsche   (das) Mehl   (das) Olivenöl

(die) Strickwolle   (der) Zucker   (der) Tee

(die) Medikamente   (das) Salz   (die) Bücher

(das) Geschirr   (der) Pfeffer   (die) Cola

(die) Kleider

WEITERFÜHRUNG

A. Einkaufen am Samstag: In der Bäckerei. Gerhard und Kordula Vollmer sind ein junges Ehepaar und leben in Marburg, einer alten Universitätsstadt in der Mitte von Deutschland. Seit Donnerstag haben Sie Besuch von Mark Myers, Gerhards Cousin aus Houston in Texas. Jetzt ist es Samstagmorgen gegen halb neun. Gerhard und Mark betreten gerade die Bäckerei-Konditorei Berger. Machen Sie einen Kreis um die Buchstaben vor allen Backwaren [auf Seite 55], die Gerhard und Mark kaufen, sowie vor dem Preis, den jeder der beiden insgesamt dafür bezahlt.

[Dialog]

BÄCKEREI-KONDITOREI BERGER

Täglich frisch aus unserer
Backstube:
10 Sorten frische Brötchen,
25 Sorten frisches Brot
sowie ein reichhaltiges
Angebot an leckeren
Kuchen und feinsten Torten!

Name_____ Datum_____ Klasse_____

Gerhard und Mark kaufen

a. normale Brötchen.
b. Käsebrötchen.
c. Schinkenbrötchen.
d. Zwiebelbrötchen.
e. Sesambrötchen.
f. Mohnbrötchen.
g. Vollkornbrötchen.
h. Roggenbrötchen.
i. Weißbrot.
j. Rosinenbrot.
k. eine Baguette.
l. Roggenbrot.
m. Vollkornbrot.
n. Sechskornbrot.
o. Bauernbrot mit Kümmel.
p. Bauernbrot ohne Kümmel.
q. drei Stück Käsekuchen.
r. drei Stück Apfelstreuselkuchen.
s. drei Stück Pflaumenkuchen.
t. drei Stück Schokoladentorte.
u. drei Stück Schwarzwälder Kirschtorte.

Gerhard bezahlt insgesamt

v. 11,70 DM.
w. 30,00 DM.
x. 27,05 DM.

Mark bezahlt insgesamt

y. 18,50 DM.
z. 21,50 DM.

B. Einkaufen am Samstag: Pläne machen. Eine halbe Stunde später: Kordula, Gerhard und Mark sitzen in der gemütlichen Wohnküche der Vollmers, frühstücken und machen Pläne für den Tag.

[Dialog]

Hören Sie dem Gespräch so oft wie nötig zu. Stellen Sie dann den Kassettenrecorder ab, und korrigieren Sie die folgenden fehlerhaften Sätze so, daß sie den Gesprächsinhalt akkurat reflektieren.

BEISPIELE:
1. Frische Brötchen schmecken Mark ~~nicht~~ gut.
2. Gerhard hat vor einiger Zeit ~~zwei~~ *ein* Jahre lang bei seinen Verwandten in ~~Kanada~~ *Houston* gewohnt und dort ~~gearbeitet~~ *studiert*.

3. Gerhard hat sich während seines Aufenthaltes in Amerika nie nach deutschem Brot und nur selten nach deutschen Brötchen gesehnt.

4. Die Vollmers kaufen kaum in der Bäckerei-Konditorei Berger ein, weil sie das Angebot mager und die Preise zu hoch finden.

5. Als Kordula Mark noch eine Tasse Tee anbietet, sagt dieser: „Nein."

6. Nach dem Frühstück wollen Gerhard und Kordula Mark die Stadt zeigen.

7. In Deutschland sind die Geschäfte wie in Amerika Samstag abends und sonntags geöffnet.

8. Kordula geht nicht gern auf dem Wochenmarkt und in kleinen Geschäften einkaufen, weil die Waren da ihrer Meinung nach teuer und von schlechter Qualität sind.

9. Es ist ein Kinderspiel, in der Innenstadt von Marburg einen Parkplatz zu finden.

10. Zum Mittagessen wollen Gerhard und Mark in ein Restaurant gehen, aber Kordula will lieber zu Hause kochen.

11. Kordula hat um drei Uhr einen Termin beim Arzt.

Kapitel 5 55

C. Einkaufen am Samstag: In der Altstadt. Es ist kurz nach zwei. Gerhard und Mark haben Kordula zum Friseursalon begleitet und dann ihre Einkäufe nach Hause gebracht. Jetzt ist Gerhard dabei, Mark die Stadt zu zeigen. Finden Sie heraus, was passiert, indem Sie dem folgenden Gespräch zuhören.

[Dialog]

Hornburg — Mittelalterliche Fachwerkstadt im Vorharz

Hornburg, wie Marburg, hat eine charmante Altstadt.

- Stellen Sie jetzt den Kassettenrecorder ab, und machen Sie einen Kreis um die richtige Antwort innerhalb jeder Frage.

    BEISPIEL: Zeigt Gerhard Mark (die Obere Altstadt) oder die modernen Stadtteile von Marburg?

    1. Sind die Häuser da in gutem Zustand, weil sie vor einigen Jahren frisch renoviert wurden oder weil sie neu gebaut sind?
    2. Gibt es Autos und Motorräder auf den Straßen, durch die Gerhard und Mark gerade gehen, oder gehen sie durch eine Fußgängerzone mit Blumencontainern und Bänken mitten auf den Straßen?
    3. Gehen Gerhard und Kordula oft in Altstadtkneipen und Straßencafés oder in Altstadthotels und Kinos?

Kapitel 5

4. Wo sieht Mark eine Lederjacke, die ihm gefällt: an einer Person, in einem Schaufenster oder an einem Kleiderständer vor einer Boutique?

5. Kostet die Jacke 248 DM oder 284 DM?

6. Findet Gerhard diesen Preis schlecht oder nicht so schlecht?

7. Hat Mark in den USA oder in Deutschland Jackengröße 38?

- Stellen Sie jetzt mit Hilfe der folgenden Tabelle fest, welche Jackengröße Mark in Europa hat, und machen Sie einen Kreis darum.
- Unterstreichen Sie in der Tabelle Ihre eigenen europäischen Größen.

MÄNNER

Jacken, Mäntel	AMERIKA	34	36	38	40	42	44	46
	EUROPA	44	46	48	50	52	54	56
Hemden	AMERIKA	14	14½	15	15½	15¾	16	16½
	EUROPA	36	37	38	39	40	41	42
Schuhe	AMERIKA	7	8	8½	9	9½	10	11
	EUROPA	41	42	43	43	44	44	45

FRAUEN

Kleider, Mäntel	AMERIKA	8	10	12	14	16	18	20
	EUROPA	36	38	40	42	44	46	48
Blusen	AMERIKA	32	34	36	38	40	42	44
	EUROPA	40	42	44	46	48	50	52
Schuhe	AMERIKA	5	6	7	8	9	10	11
	EUROPA	36	37	38	40	41	42	43

Kapitel 6
Na, denn guten Appetit!

HINFÜHRUNG

A. Aussprache: Namen und Spitznamen. Wiederholen Sie jeden Ausdruck, und achten Sie dabei auf Ihre Aussprache.

der Pfannkuchen	Hahn Kradahn
Frau Grau	Ente Lawente
der Großvater auch	Gans Watschanz
Schreihälse sieben	Gänserich Watschenserich
Mann Brann	Schwein Schmierulein
Henne Glenne	

Die Darsteller der Pfannkuchen-Geschichte

B. Bei Familie Brehme zu Hause. Sie hören jetzt zwei kurze Dialoge, die einen frühen Nachmittag bei der Familie Brehme beschreiben. Stellen Sie den Kassettenrecorder nach jeder Szene kurz ab, und vervollständigen Sie die Sätze. Zu jedem Anfang eines Satzes müssen Sie das richtige Ende finden.

[Dialog 1]

Um 13 Uhr

_____ 1. Stefan und Sabine machten sich

_____ 2. Stefan hatte so schlecht gesungen,

_____ 3. Sabine versuchte,

_____ 4. Sabine hatte Erfolg:

a. daß es wirklich keine Freude war, ihm zuzuhören.

b. gegenseitig alles andere als Komplimente.

c. Die Mutter gab nach.

d. ihre Mutter dazu zu überreden, ihr einen Apfelpfannkuchen zu backen.

Name_____ Datum _____ Klasse_____

[Dialog 2]

Später am Nachmittag

_____ 1. Familie Brehmes Hund Harro war
_____ 2. Weil Sabine und Stefan Angst um ihren Hund hatten,
_____ 3. Frau Brehme war erschrocken,
_____ 4. Sabine hatte eine prima Idee:

a. Sie wollte den Hund mit einem Stück Wurst überlisten.
b. schrien die beiden wie wild durcheinander.
c. aus dem Haus und auf die Straße gelaufen.
d. weil sie befürchtete, daß der Hund von einem Auto überfahren würde.

TEXTARBEIT

Sie hören jetzt den Anfang der „Historie vom Pfannkuchen". Schreiben Sie die fehlenden Wörter vom zweiten bis zum achten Absatz, sowie Sie sie hören.

[„Die Historie vom Pfannkuchen": Absatz 1]

[Absätze 2–8:]

„Gib mir ein klein bißchen Pfannkuchen, Mutter, ich habe so Hunger",

sagte das _____ Kind.

„_____ Mutter", sagte das _____.

„Liebe, _____ Mutter", sagte das _____.

„Liebe, schöne, _____ Mutter", sagte das _____.

Kapitel 6   **61**

„Liebe, _____, schöne, gute Mutter", sagte das _____.

„Liebe, beste, schöne, gute, _____ Mutter", sagte das

_____.

„Liebe, beste, schöne, gute, liebste, _____ Mutter", sagte das

_____, und so baten sie alle um Pfannkuchen, eins _____

als das andere, denn sie waren so _____ und so _____.

[Absätze 9–11]

Eine Schweizerin bereitet das Mittagessen zu. Für wie viele Personen kocht sie wohl?

Sie hören jetzt eine Dramatisierung des nächsten Teils der Geschichte. Spielen Sie dabei die Rolle des Pfannkuchens. Lesen Sie Ihre Zeilen mit Gefühl laut vor.

ERZÄHLER: . . .

MANN: . . .

PFANNKUCHEN: Guten Tag, Mann Brann.

MANN: . . .

PFANNKUCHEN: Hinter mir ist schon Frau Grau geblieben, der Großvater auch und Schreihälse sieben, so komm ich auch dir wohl aus, Mann Brann.

ERZÄHLER: . . .

HENNE: . . .

PFANNKUCHEN: Guten Tag, Henne Glenne.

62 *Kapitel 6*

Name _____ Datum _____ Klasse _____

HENNE: . . .

PFANNKUCHEN: Hinter mir ist schon Frau Grau geblieben, der Großvater auch und Schreihälse sieben und Mann Brann, so komme ich auch dir wohl aus, Henne Glenne!

ERZÄHLER: . . .

HAHN: . . .

PFANNKUCHEN: Guten Tag, Hahn Kradahn.

HAHN: . . .

PFANNKUCHEN: Hinter mir ist schon Frau Grau geblieben, der Großvater auch und Schreihälse sieben und Mann Brann und Henne Glenne, so komme ich wohl auch dir aus, Hahn Kradahn.

ERZÄHLER: . . .

ENTE: . . .

PFANNKUCHEN: Guten Tag, Ente Lawente.

ENTE: . . .

PFANNKUCHEN: Hinter mir ist schon Frau Grau geblieben, der Großvater auch und Schreihälse sieben, Mann Brann, Henne Glenne und Hahn Kradahn, so werde ich dir wohl auch auskommen, Ente Lawente.

ERZÄHLER: . . .

GANS: . . .

PFANNKUCHEN: Guten Tag, Gans Watschanz.

GANS: . . .

PFANNKUCHEN: Hinter mir ist schon Frau Grau geblieben, der Großvater auch und Schreihälse sieben, Mann Brann, Henne Glenne, Hahn Kradahn und Ente Lawente, so werde ich wohl auch dir auskommen, Gans Watschanz.

ERZÄHLER: . . .

GÄNSERICH: . . .

PFANNKUCHEN: Guten Tag, Gänserich Watschenserich.

GÄNSERICH: . . .

PFANNKUCHEN: Hinter mir ist schon Frau Grau geblieben, der Großvater auch und Schreihälse sieben, Mann Brann, Henne Glenne, Hahn Kradahn, Ente Lawente, Gans Watschanz, so kann ich dir wohl auch auskommen, Gänserich Watschenserich.

ERZÄHLER: . . .

SCHWEIN: . . .

PFANNKUCHEN: Guten Tag, Schwein Schmierulein.

ERZÄHLER: . . .

Hören Sie nun das Ende der Geschichte, und beantworten Sie dann die Fragen dazu.

[Ende der „Historie vom Pfannkuchen"]

[Fragen]

Kapitel 6 **63**

WEITERFÜHRUNG

A. Was sagt man in einem deutschen Restaurant? Wiederholen Sie jeden Ausdruck, und achten Sie dabei auf Ihre Aussprache.

Guten Abend.

Haben Sie einen Tisch am Fenster?

Haben Sie einen Tisch für drei Personen?

Ist hier noch frei?

Darf ich bitte die Speisekarte sehen?

Was können Sie empfehlen?

Ich möchte Wiener Schnitzel.

Einmal Schweinebraten.

Zweimal Rinderbraten.

Guten Appetit!

Mahlzeit!

Ich möchte ein Glas Rotwein dazu.

Ich möchte ein helles Bier.

Prost!

Zum Wohl!

Herr Ober!

Frau Kellnerin!

Ich möchte zahlen, bitte.

Die Rechnung, bitte.

Getrennte Rechnungen, bitte.

Zusammen, bitte.

Das stimmt so.

Café Decker
im Herzen von Bad Harzburg

Sie bestellen — wir verwöhnen Sie!

Bei gutem Wetter auf der herrlichen Sonnenterrasse, wenn's kühler oder feuchter wird, können Sie sich drinnen in behaglicher Atmosphäre entspannen.

Ein lohnendes Ziel!

In jedem Fall: Ein lohnendes Ziel!

B. Abendessen im Restaurant. Letztes Wochenende besuchte Frau Hofbauer ihre Tochter Gaby in München. Gaby studiert dort Germanistik und Amerikanistik. Samstagabend lud Frau Hofbauer Gaby und deren Bekannten Justin, einen Austauschstudenten aus den USA, zum Essen in ein gemütliches Restaurant ein.

1. Frau Hofbauer, Gaby und Justin sprachen einige kulturelle Unterschiede zwischen Deutschland und den USA an. Hören Sie sich die Ausschnitte aus ihrem Gespräch so oft wie nötig an, und notieren Sie die Unterschiede in der folgenden Tabelle.

[Dialog]

BAD HARZBURGER Fitnessgetränk
aktiv+fit

Name_____ Datum _____ Klasse_____

	DEUTSCHLAND	USA
in einem Restaurant Platz nehmen		
in einem Restaurant rauchen		
Wasser zum Essen		
Eis in Getränken		
typische Speisen		
Trinkgeld		

2. Stellen Sie den Kassettenrecorder ab. Erstellen Sie dann bitte mit Hilfe der hier abgedruckten Speisekarte und des Rechnungsformulars eine detaillierte Rechnung für Frau Hofbauer.

THOMAS = STUBEN
Speisekarte
11.00 bis 14.30 Uhr und 1700 bis 21.30 Uhr

SUPPEN
Gemüsecremesuppe	6,50 DM
Leberknödelsuppe mit Einlage	6,50 DM
Gulaschsuppe (hausgemacht) mit Brot	8,60 DM

KALTE KÜCHE
Bauernbrot mit Salami oder Käse	8,60 DM
Bauernbrot mit kaltem Braten	10,50 DM
Schinkenplatte (roh und gekocht) mit Butter und Brot	17,10 DM
Großer Salat mit Schafskäse, Oliven und Semmel	13,60 DM

HAUPTSPEISEN
Camembert (gebacken) mit Preiselbeeren, Semmel und Salat	12,-- DM
Bauernomelette mit Salat	15,50 DM
Toast „Hawaii" (Schinken, Käse, Ananas)	13,20 DM
Toast „Mozart" (2 Schweinemedaillons mit Champignons á la Créme)	16,30 DM
Hühnerbrüstchen mit frischen Rahmchampignons, Butterreis und Salat	18,20 DM
Jägersteak mit Kartoffelkroketten	19,10 DM
Argentinisches Rindersteak mit Kräuterbutter, Pommes frites und Salat	21,50 DM
Wiener Schnitzel mit Pommes frites und Salat	23,50 DM

NACHSPEISEN
Portion gemischtes Eis mit Sahne	7,10 DM
Kaiserschmarrn mit Apfelmus	11,50 DM

GETRÄNKE
1 Kännchen Kaffee oder Kaffee Hag	7,-- DM
1 Kännchen Tee	6,-- DM
Neuselters Mineralwasser 0,25 Liter	4,10 DM
Coca Cola 0,2 Liter	4,10 DM
Coca Cola light 0,2 Liter	4,10 DM
Apfelsaft 0,25 Liter	4,80 DM
Hacker-Pschorr Pils 0,33 Liter	5,10 DM

(alle Preise sind inkl. Bedienung und 15% Mehrwertsteuer)

Name_____ Datum _____ Klasse_____

THOMAS = STUBEN
München

Gemütliches, gut-bürgerliches Essen in gepflegter Umgebung

Rechnung Datum:

Anzahl   Beschreibung   Preis in DM

_____
_____
_____
_____
_____
_____
_____
_____
_____

Gesamtpreis (inkl. Bedienung und 15% Mehrwertsteuer): _____

Wir danken für Ihren Besuch!

3. Stellen Sie sich vor, daß Frau Hofbauer auch Sie zum Abendessen eingeladen hätte. Was hätten Sie bestellt?

_____
_____
_____
_____

Warum? _____

_____
_____

Wieviel hätte das alles gekostet, was Sie bestellt hätten? _____

Kapitel 6 **67**

Name_____ Datum _____ Klasse_____

Kapitel 7
Lustiges Landleben

HINFÜHRUNG

Aussprache: Zungenbrecher. Wiederholen Sie jeden Satz. Achten Sie dabei auf Ihre Aussprache.

Die Ferkel fressen das Futter.

Was wächst in den würfelförmigen Kisten?

Der Kunde kauft die drei kleinen Kisten nicht.

Was zeigt der Zirkusdirektor den Zuschauern?

Die Schweine sind eine Sensation.

Die Schweinchen sehen nicht wie normale Schweinchen aus.

TEXTARBEIT

TEXT 1

Sie hören jetzt den ersten Teil der „Schweinegeschichte" von Helmut Zenker.

[„Schweinegeschichte" von Helmut Zenker, Absatz 1]

A. Schweine und Schweinchen. Sie hören jeden der folgenden Sätze zweimal. Schreiben Sie die fehlenden Wörter auf, sowie Sie sie hören.

[Sätze]

1. Der Bauer lebte _____.

2. Er _____ und verkaufte Schweine.

3. Manche Kunden _____ kleine Schweine.

4. Andere Kunden wollten _____ Schweine.

5. Einmal ging das Geschäft schlecht, weil die Leute nicht viel _____ des Bauern hatten.

6. Der Bauer steckte _____ in würfelförmige Kisten.

7. Die Ferkel steckten _____ aus den Kisten, um ihr Futter _____.

Die Geschichte geht weiter.

[„Schweinegeschichte" von Helmut Zenker, Absatz 2]

Wie viele ausgewachsene Schweine zählen Sie? Wie viele Schweinchen?

Kapitel 7

Name_____ Datum _____ Klasse_____

B. Was ist wichtig? Was ist die Hauptaussage des Absatzes, den Sie gerade gehört haben?

_____ 1. Jede Kiste hat sechs Seiten und acht Ecken.

_____ 2. Jedes Schweinchen wuchs, bis es die ganze Kiste einschließlich der Ecken ausfüllte.

_____ 3. Der Bauer war dumm, denn er gab den Schweinchen zuviel zu fressen.

Die „Schweinegeschichte" geht weiter.

[„Schweinegeschichte" von Helmut Zenker, Absatz 3]

C. Der Bauer, die Schweinchen und der Käufer: Richtig oder falsch?

[Sätze]

1. richtig   falsch
2. richtig   falsch
3. richtig   falsch
4. richtig   falsch
5. richtig   falsch

Jetzt hören Sie den nächsten Teil der Geschichte.

[„Schweinegeschichte" von Helmut Zenker, Absatz 4]

D. Was geschah? Wählen Sie zu jeder Frage die richtige Antwort.

[Fragen]

1. a. In seinen Lastwagen.
   b. Auf seinen Traktor-Anhänger.
2. a. In die Stadt.
   b. Nach Hause.
3. a. Auf dem Bauernhof.
   b. In der Stadt.
4. a. Seiner Frau.
   b. Einem Zirkusdirektor.
5. a. Von dem Bauern.
   b. Von den würfelförmigen Schweinen.
6. a. Am nächsten Tag.
   b. Sofort.
7. a. Genausoviel wie sonst für 30 Schweine.
   b. Genausoviel wie für drei normale Schweine.
8. a. Über die vielen Tiere im Zirkus.
   b. Über das gute Geschäft.

Sie hören jetzt das Ende der „Schweinegeschichte".

[„Schweinegeschichte" von Helmut Zenker, Absätze 5 und 6]

E. Wann fand das statt? Schreiben Sie die Nummer jedes Satzes in die richtige Spalte.

AM GLEICHEN ABEND	AM NÄCHSTEN TAG

TEXT 2

Sie hören jetzt den ersten Teil von einem Eintrag aus dem „Tagebuch des Försters Rombach".

[„Das Tagebuch des Försters Rombach", Absatz 1]

In Bayern gibt es viele idyllische Landschaften wie diese mit dem Kaisergebirge im Hintergrund.

F. Wo Rombach wohnte. Sie hören den Anfang einiger Sätze. Suchen Sie das richtige Ende zu jedem Satz, und schreiben Sie die Nummer des Satzanfangs davor.

[Satzanfänge]

_____ eine Waschgelegenheit und eine elektrische Kochplatte.

_____ der Wald.

__1__ ein kleines Gebäude.

_____ da sehr wohl.

_____ während seiner Zeit als Forstpraktikant.

_____ eine große Wiese.

_____ ihre Werkzeuge.

72   Kapitel 7

Name _____ Datum _____ Klasse _____

Jetzt hören Sie eine Beschreibung von Martin Rombachs Menagerie. Numerieren Sie die Tiere in der Reihenfolge, sowie Sie sie hören.

[„Das Tagebuch des Försters Rombach", Absätze 2 bis 7 (Anfang)]

MARTINS MENAGERIE

_____ andere Mäuse

_____ ein Truthahn

___1___ „Basti", der Hund

_____ ein mutterloses Rehkitz

_____ drei Islandpferde

_____ Hasen und Meerschweinchen

_____ eine Dohle (ein Rabenvogel)

_____ der schwarze Kater mit der ersten Maus

Jetzt hören Sie etwas über Martins wilden nächtlichen Ritt auf einem Pferd.

[„Das Tagebuch des Försters Rombach", Ende von Absatz 7]

G. Was geschah? Beantworten Sie jede Frage mit einem vollständigen Satz.

[Fragen]

Was ist auf dem Dorfplatz passiert? Spielen Sie jetzt die Rolle von Martin Rombach, und lesen Sie Ihre Zeilen mit Gefühl laut vor. Folgen Sie dem Text.

[Absätze 8–23]

BÜRGERMEISTER: ...

MARTIN ROMBACH: Sagen Sie das bitte dem Pferd!

APOTHEKER: ...

MARTIN ROMBACH: Ich kann ja eigentlich gar nicht reiten.

BÜRGERMEISTER: ...

MARTIN ROMBACH: Raufkommen war leicht—nur Bremsen ist schwierig!

PFARRER: ...

ERZÄHLERIN: ...

CHEF: ...

MARTIN ROMBACH: Nein, wirklich nicht.

CHEF: ...

MARTIN ROMBACH: Ich schwöre, ich trank keinen Tropfen!

CHEF: ...

MARTIN ROMBACH: Voll wie eine Haubitze!

CHEF: ...

Jetzt hören Sie das Ende von Förster Rombachs Tagebucheintrag.

[„Das Tagebuch des Försters Rombach", Absätze 24 bis 25]

Kapitel 7

H. Auf dem Reitweg im Wald: Richtig oder falsch?

[Sätze]

1. richtig falsch
2. richtig falsch
3. richtig falsch
4. richtig falsch

WEITERFÜHRUNG

A. Aktivurlaub in Kärnten: Sport, Spiel, Spaß!

1. Jetzt hören Sie eine Anzeige für Kärnten, das südlichste Land Österreichs. Machen Sie sich dabei mit Hilfe der Tabelle Notizen.

[Anzeige]

Velden liegt am westlichsten Punkt des Wörthersees im Land Kärnten in Österreich.

Name_____ Datum _____ Klasse_____

DAS LAND KÄRNTEN

- wer 1877 Kärnten besuchte:

- wo in Österreich Kärnten liegt:

- was die meisten Urlauber machen:

- was Kärnten bietet:

- wozu die Bergwelten einladen:

- wofür die Seen berühmt sind:

- was für Wassersportmöglichkeiten der Wörther See bietet:

- welche anderen Sportarten man genießen kann:

Kapitel 7 **75**

2. Stellen Sie jetzt den Kassettenrecorder ab. Benutzen sie Ihre Notizen aus der Tabelle, und schreiben Sie eine Antwort auf diese Frage: Möchten Sie einmal Urlaub in Kärnten machen? Warum (nicht)?

B. Bürgerversammlung zum Thema Altstadtsanierung in der Provinz. Sie hören jetzt einen Ausschnitt aus einer Bürgerversammlung in einer kleinen deutschen Provinzstadt. Das Thema ist die Altstadtsanierung, die in dieser Stadt geplant ist.

1. Hören Sie so oft wie nötig zu, und füllen Sie dabei oder danach die Tabelle [auf Seite 77] stichwortartig aus.

[Diskussion]

Diese Gebäude in Brandenburg werden bald saniert.

Name_____ Datum _____ Klasse_____

(a)	Frau Dedes	
	• repräsentiert welche Organisation?	
	• sagt, der Sinn und Zweck der Bürgerversammlung sei:	
(b)	Herr Bäumler	
	• hat welches Amt inne?	
	• nennt die folgenden Vorteile der Altstadtsanierung:	
	• nennt welche Nachteile der Altadtsanierung:	

(c)		persönliche Informationen	für oder gegen die Altstadtsanierung	Gründe
	Herta Klein			
	Thomas Edschmidt			
	Hannelore Müller			
	Ludwig Wehner			
	Veronika Wagner			

Kapitel 7 **77**

2. Stellen Sie jetzt den Kassettenrecorder ab. Wählen Sie eine der folgenden Aufgaben. Schreiben Sie anhand Ihrer Notizen

- einen kurzen Zeitungsbericht über die Bürgerversammlung, aus der Sie gerade den Ausschnitt gehört haben.

- einen Leserbrief an eine Zeitung, in dem Sie für oder gegen die geplante Altstadtsanierung Stellung nehmen. Erklären Sie im Detail, warum Sie dafür oder dagegen sind. Vergessen Sie dabei auch nicht, die Argumente der Gegenseite wirksam zu entkräften.

- einen Aufsatz, in dem Sie über ein Sanierungsprojekt in Ihrer Stadt berichten. Was ist/war das Projekt? Warum ist/war es nötig? Wer ist/war dafür, wer dagegen? Wer ist/war daran beteiligt? Wie geht/ging das Projekt voran? Wer bezahlt/bezahlte dafür?

- einen Leserbrief an eine Zeitung in Ihrer Stadt, in dem Sie für oder gegen ein Sanierungsprojekt in Ihrer eigenen Stadt argumentieren oder auch einen Vorschlag für ein Sanierungsprojekt machen. Argumentieren Sie so detailliert wie möglich. Vergessen Sie dabei vor allem auch nicht, Gegenargumente zu entkräften, egal ob diese wirklich vorgebracht wurden oder ob sie lediglich zu erwarten sind.

Name_____ Datum_____ Klasse_____

Kapitel 8

Waren und Werbung

HINFÜHRUNG

A. Aussprache: Zungenbrecher. Wiederholen Sie, was Sie hören. Achten Sie dabei auf Ihre Aussprache.

Viele Flugzeuge fliegen zum Flughafen.

Die winzigen Würmer werden wachsen.

Die meisten Maden müssen mehr machen.

Die kleinen Käfer können in die Kiste kriechen.

Die Räuber berauben die reichen Reisenden.

Im Sandhaufen spielen Scharen von Schulkindern mit Spielzeug.

B. In welcher Fabrik produziert man was?

    BEISPIEL: FRAGE: Wo produziert man Textilien?
                      SIE: In einer Textilfabrik.

[Fragen]

Kapitel 8   **79**

C. Uhren. Sie hören eine Werbung für Uhren im Radio.

[eine Werbung im Radio]

Identifizieren Sie jetzt diese Uhren hier. Schreiben Sie zu diesem Zweck die Nummer für jede Uhr in den entsprechenden Kreis.

[Sätze]

D. Nachrichten und Werbesendungen. Sie hören einige Ausdrücke. Wenn man den Ausdruck normalerweise mit „Werbesendungen" assoziiert, schreiben Sie den Buchstaben „W" hinter die Nummer. Wenn man den Ausdruck normalerweise mit den „Nachrichten" assoziiert, schreiben Sie den Buchstaben „N" hinter die Nummer.

[Ausdrücke]

1.	4.	7.	10.
2.	5.	8.	11.
3.	6.	9.	12.

Name_____ Datum_____ Klasse_____

E. Was möchten Sie lieber machen?

[Fragen]

Kapitel 8

F. Superlative für Situationen. Sie hören die Beschreibung einer Situation und dann eine Frage mit einer Superlativform. Schreiben Sie die Superlativform vor den Ausdruck, der die Frage am besten beantwortet.

BEISPIEL: Sie haben für Samstag eine Fahrradtour geplant. Was fänden Sie am schönsten?

[Situationen]

_____ mit einem Taxi dorthin zu fahren

_____ frisches Obst sowie Gemüse mit Reis und vielleicht auch ein kleines Stück Fisch zu essen

_____ alte Filme auf Videokassetten zu sehen

_____ bei den Freunden zu bleiben und morgen früh nach Hause zu fahren

_____ noch vor der Abreise krank zu werden

am schönsten gutes, trockenes Wetter zu haben: nicht zu kalt und nicht zu warm

_____ jede Vorlesung und jedes Seminar zu besuchen und jeden Tag zu arbeiten

_____ sich zu entspannen und Spaß zu haben

TEXTARBEIT

TEXT 1

Sie hören jetzt die ersten drei Absätze der Geschichte „Made in Hongkong" von Franz Hohler.

[„Made in Hongkong" von Franz Hohler, Absätze 1–3]

A. Maden. Suchen Sie die Antwort auf jede Frage, und schreiben Sie die Nummer der Frage davor.

[Fragen]

_____ „Du bringst es nie zu etwas."

_____ Larven, die eines Tages Käfer werden.

_____ Sie kroch schnell davon.

_____ „Ich bringe es weiter als ihr alle. Ich komme bis nach Hongkong."

_____ Weil sie so extrem klein war.

_____ Daß sie in Hongkong angekommen ist.

_____ Wie winzige Würmer.

Die Geschichte geht weiter.

[„Made in Hongkong" von Franz Hohler, Absatz 4]

82 Kapitel 8

Die Made versteckte sich im Spalt einer großen Kiste und wurde dann im Flugzeug nach Hongkong geflogen.

B. Was passierte? Beantworten Sie kurz jede Frage.

[Fragen]

Die Geschichte geht weiter.

[„Made in Hongkong" von Franz Hohler, Absatz 5]

C. Wer, was, worauf ? Markieren Sie die richtige Antwort auf jede Frage.

[Fragen]

1. a. Die Polizei.
   b. Niemand außer der kleinen Made.
   c. Die anderen Maden zu Hause.
2. a. Daß sie jetzt viel Gold hatte.
   b. Daß diese auch nach Hongkong fliegen sollten.
   c. Daß sie in Hongkong angekommen war.
3. a. Alle Spielzeugfabriken in ganz Hongkong.
   b. Alle Spielzeuge, die nach Europa verkauft wurden.
   c. Einen großen Sandhaufen, wo viele Kinder spielten.
4. a. Auf jedes Spielzeug, das man in den Fabriken herstellte.
   b. Auf jedes Spielzeug, das man in Hongkong verkaufte.
   c. Auf jedes Spielzeug, das man nach Europa verkaufte.

Kapitel 8

D. Das Ende der Geschichte. Füllen Sie die Tabelle aus, während Sie dem Ende der Geschichte zuhören.

[„Made in Hongkong" von Franz Hohler, Absätze 6–8]

Warum ist keine der anderen Maden in Hongkong angekommen?

- Die eine flog _____ nach Amsterdam.

- Die andere versteckte sich _____ und wurde unterwegs

  _____.

- Die meisten _____ nicht einmal bis _____,

  weil sie ihn entweder nicht _____ oder vorher von einem Vogel

  _____.

- Was hatte die kleine Made? Was fehlte den anderen? _____.

TEXT 2

Sie hören jetzt eine Dramatisierung des Gedichts „Reklame" von Ingeborg Bachmann.

[„Reklame" von Ingeborg Bachmann]

In Europa ebenso wie in Nordamerika kann man Reklametafeln sehen und von dem phantasieren, was man sieht.

84 *Kapitel 8*

Name_____ Datum _____ Klasse_____

Lesen Sie jetzt das Gedicht. Spielen Sie die Rolle der Fragenden. Fangen Sie gleich nach dem Piepton an.

SIE: Wohin aber gehen wir

CHOR: . . .

SIE: wenn es dunkel und wenn es kalt wird

CHOR: . . .

SIE: aber

CHOR: . . .

SIE: was sollen wir tun

CHOR: . . .

SIE: und denken

CHOR: . . .

SIE: angesichts eines Endes

CHOR: . . .

SIE: und wohin tragen wir

CHOR: . . .

SIE: unsre Fragen und den Schauer aller Jahre

CHOR: . . .

SIE: was aber geschieht

CHOR: . . .

SIE: wenn Totenstille

eintritt

WEITERFÜHRUNG

A. Zum Spaß: Ein Persönlichkeitsquiz. Wie hartnäckig verfolgen Sie Ihre Ziele? Wie leicht oder schwer ist es, Sie zu beeinflussen? Reagieren Sie auf die folgenden hypothetischen Situationen. Machen Sie jeweils einen Kreis um die Nummer der Option, die Ihre Reaktion am besten beschreibt. Sie hören die Optionen zweimal.

Kapitel 8   85

[Situation A]

1. 2. 3.

[Situation B]

1. 2. 3.

[Situation C]

1. 2. 3.

[Situation D]

1. 2. 3.

[Situation E]

1. 2. 3.

[Situation F]

1. 2. 3.

Stellen Sie den Kassettenrecorder kurz ab, und addieren Sie die umkreisten Zahlen, um Ihre Gesamtpunktzahl für das Quiz herauszufinden:

_____ Punkte.

Stellen Sie jetzt den Kassettenrecorder wieder an, und tragen Sie das Resultat Ihres Persönlichkeitsquiz stichwortartig hier ein: _____

_____

Name_____ Datum _____ Klasse_____

[Resultate]

Stellen Sie den Kassettenrecorder wieder ab, und schreiben Sie kurz, warum Sie denken, daß das Resultat dieses humoristischen und keineswegs wissenschaftlichen Persönlichkeitsquiz (nicht) wirklich auf Sie zutrifft. Begründen Sie Ihre Ansicht mit zwei oder mehr Beispielen aus Ihrem Leben.

_____
_____
_____
_____
_____

B. Meinungsumfrage zum Thema Werbung. Sie hören jetzt den letzten Teil einer wöchentlichen Radiosendung mit dem Titel „Themen unserer Zeit". Am Ende jeder Sendung gibt es eine Vorschau auf das Thema der nächsten Sendung. Die Hörer werden aufgefordert, den Programmveranstaltern bis dahin zu schreiben und ihre Ansichten zu dem neuen Thema mitzuteilen.

1. Hören Sie gut zu, und füllen Sie die Tabelle [auf Seite 88] stichwortartig aus.

[Meinungsumfrage]

Kapitel 8   **87**

	PERSÖNLICHE INFORMATIONEN	MEINUNG ÜBER WERBUNG	GRÜNDE
Erster Mann			
Erste Frau			
Zweiter Mann			
Zweite Frau			
Dritte Frau			
Dritter Mann			

2. Stellen Sie jetzt den Kassettenrecorder ab, und schreiben Sie einen Brief an „Themen unserer Zeit", in dem Sie Ihre Meinung zum Thema Werbung äußern.

Name_____ Datum_____ Klasse_____

Kapitel 9

Tiere und Tierfreunde

HINFÜHRUNG

Aussprache: Komposita. Wiederholen Sie jeden Satzteil und jeden Satz. Achten Sie dabei auf Ihre Aussprache.

- Vögel brauchen Vogelfutter,

  Vogelsand und Vogelwetzsteine.

  Vögel brauchen Vogelfutter, Vogelsand und Vogelwetzsteine.

- Ein Kampffischpärchen besteht aus

  einem Kampffischmännchen und einem Kampffischweibchen.

  Ein Kampffischpärchen besteht aus einem Kampffischmännchen und einem Kampffischweibchen.

- Die Würmer in den Wurmbehältern

  fressen Spezialwurmfutter.

  Die Würmer in den Wurmbehältern fressen Spezialwurmfutter.

- Die Schildkrötenbesitzerin reibt

  den Schildkrötenpanzer mit Speiseöl ein.

  Die Schildkrötenbesitzerin reibt den Schildkrötenpanzer mit Speiseöl ein.

- Im Glasbecken sind Grünpflanzen,

  Ziersteine und Wasserflöhe.

  Im Glasbecken sind Grünpflanzen, Ziersteine und Wasserflöhe.

- Der australische Krallenfrosch

  hat niedliche Schwimmhäute.

  Der australische Krallenfrosch hat niedliche Schwimmhäute.

TEXTARBEIT

Sie hören jetzt „Ein Hund" von Helga Schubert. Die Geschichte fängt so an.

[„Ein Hund" von Helga Schubert, Absätze 1–3]

Dieses Kind ist überglücklich. Es hat einen Hund.

A. Richtig oder falsch?

[Sätze]

1. richtig   falsch
2. richtig   falsch
3. richtig   falsch
4. richtig   falsch
5. richtig   falsch

Die Geschichte geht weiter.

[„Ein Hund" von Helga Schubert, Absatz 4, erster Teil]

B. Was würde das Kind machen, wenn es einen Hund haben dürfte? Was verspricht das Kind? Markieren Sie die zutreffenden Antworten.

[Fragen]

1. ja   nein   keine Information
2. ja   nein   keine Information
3. ja   nein   keine Information

Name_____ Datum _____ Klasse_____

4. ja   nein   keine Information
5. ja   nein   keine Information
6. ja   nein   keine Information
7. ja   nein   keine Information
8. ja   nein   keine Information
9. ja   nein   keine Information
10. ja   nein   keine Information
11. ja   nein   keine Information
12. ja   nein   keine Information

Was hat das Kind in der Zeitung gelesen? Hören Sie jetzt zu.

[„Ein Hund" von Helga Schubert, Absatz 4 (zweiter Teil) –5]

C. Ein Quiz über Tiere und Kinder. Sie hören jetzt vier Fragen. Schreiben Sie die fehlenden Wörter auf, sowie Sie sie hören. Machen Sie dann einen Kreis um Ihre persönliche Antwort.

[Fragen]

1. Ist es wichtig, schon _____ die Tierliebe

   _____?

   Ihre persönliche Antwort : ja   nein

2. Ist es wichtig, _____ Verantwortungsbewußtsein und Stetigkeit

   _____?

   Ihre persönliche Antwort : ja   nein

3. Ist es gut, so oft wie möglich _____

   _____?

   Ihre persönliche Antwort : ja   nein

4. Ist es nötig, _____ ?

   Ihre persönliche Antwort : ja   nein

[Resultate]

Sie hören jetzt den nächsten Teil der Geschichte.

[„Ein Hund" von Helga Schubert, Absatz 6]

D. Das Kind hat Geburtstag. Was machen die Eltern? Sie hören sechs Satzanfänge. Wählen Sie jeweils das richtige Ende.

[Satzanfänge]

1. a. seinen siebten Geburtstag.
   b. seinen achten Geburtstag.
   c. seinen neunten Geburtstag.

Kapitel 9   91

2. a. zu einem Nachbarn.
   b. in einen Tierpark.
   c. in einen Zooladen.

3. a. viele Hunde.
   b. viele Wellensittiche.
   c. viele Walfische.

4. a. zwei grüne Wellensittiche aus.
   b. einen gelben Kanarienvogel aus.
   c. ein blaues Wellensittichpärchen aus.

5. a. einen alten Käfig.
   b. einen neuen Käfig.
   c. einen jungen Papagei.

6. a. ins Nachbarhaus.
   b. in den Käfig.
   c. in ihre Wohnung zurück.

Was passiert am nächsten Tag? Hören Sie bitte zu.

[„Ein Hund" von Helga Schubert, Absatz 7]

E. Wie reagiert das Kind auf das Geschenk? Sie hören einige Fragen. Wählen Sie jeweils die richtige Antwort, und lesen Sie sie laut vor.

BEISPIEL: SPR: 1. Was sehen die Eltern am Morgen?
           SIE: Sie sehen das Kind vor dem Käfig stehen.
           SPR: Sie sehen das Kind vor dem Käfig stehen.

[Fragen]

1. Sie sehen einen Hund vor der Tür stehen.
   Sie sehen das Kind im Bett schlafen.
   Sie sehen das Kind vor dem Käfig stehen.

2. Es steht sehr glücklich davor und jubelt über das Geschenk.
   Es steht total erstaunt und sprachlos davor.
   Es steht traurig davor und weint.

3. Es spricht zu den Vögeln.
   Es läßt die Vögel aus dem Käfig.
   Es sieht sich Hitchcocks Film „Die Vögel" an.

4. Es fragt, ob man für die Vögel auch einen Hund bekommen hätte.
   Es fragt, ob die Eltern auch genug Futter für die Vögel gekauft hätten.
   Es fragt, ob die Vögel sprechen können.

5. Es will den Vögeln das Sprechen beibringen.
   Es will eine Gardinenstange für die Vögel kaufen.
   Es will für die Vögel einen Hund eintauschen.

Die Geschichte geht weiter.

[„Ein Hund" von Helga Schubert, Absatz 8]

Name_____ Datum_____ Klasse_____

F. Wie sollen die Vögel sprechen lernen? Sie hören einige Fragen. Wählen Sie jeweils den richtigen Ausdruck, und beantworten Sie jede Frage mit einem vollständigen Satz.

    BEISPIEL: SPR: Wo verbringen das Kind und seine Mitschüler die nächsten Nachmittage?
                       SIE: Sie verbringen sie vor dem Käfig.

[Fragen]

AUSDRÜCKE

    intelligenter machen

    den Vögeln das Sprechen beibringen

✓ vor dem Käfig

    auf der Tüte

    damit das Kind Spezialvogelfutter kaufen kann

Sie hören jetzt den nächsten Teil der Geschichte.

[„Ein Hund" von Helga Schubert, Absatz 9]

G. Was macht das Kind? Sind die folgenden Aussagen richtig oder falsch?

[Aussagen]

[Sätze]

1. richtig   falsch
2. richtig   falsch
3. richtig   falsch
4. richtig   falsch
5. richtig   falsch
6. richtig   falsch
7. richtig   falsch

Die Geschichte geht weiter.

[„Ein Hund" von Helga Schubert, Absätze 10–11]

H. Was passiert jetzt im Haushalt? Beantworten Sie jede Frage mit einem vollständigen Satz.

[Fragen]

Was passiert nach den Ferien? Hören Sie bitte zu.

[„Ein Hund" von Helga Schubert, Absatz 12]

Kapitel 9   **93**

I. Was hat die Familie alles gekauft? Füllen Sie die Rechnung aus. Schreiben Sie die fehlenden Wörter, sowie der Verkäufer sie der Familie vorliest.

Annas Menagerie
Bayerns beliebtestes Zoofachgeschäft
München, Salzstraße 89

Anzahl	Artikel	Stückpreis	DM	Pf
1 Tüte	Vogelfutter			
2	Vogelwetzsteine			
1 Tüte	Sand			
2	Ziersteine			
¼ Pfd	Wasserflöhe			
		Gesamtsumme:		

Danke für Ihren Einkauf!

Und was ist am Samstag, Sonntag und Montag passiert? Hören Sie bitte zu.

[„Ein Hund" von Helga Schubert, Absatz 13]

J. Was passiert übers Wochenende? Wählen Sie die richtige Antwort auf jede Frage.

[Fragen]

1. a. Nur sechs.
   b. Nur drei.
   c. Nur vier.
2. a. Bereits am nächsten Tag, einem Samstag.
   b. Erst am dritten Tag, einem Montag.
   c. Am zweiten Tag, einem Sonntag.

3. a. Weil das Kampffischpärchen keine Wasserflöhe fressen will.
   b. Weil der Krallenfrosch krank ist.
   c. Weil keine Wasserflöhe mehr da sind.
4. a. Mit dem Kampffischpärchen.
   b. Mit dem Kampffischmännchen.
   c. Mit dem Kampffischweibchen.
5. a. Einen lebendigen Rivalen.
   b. Den Krallenfrosch.
   c. Einen Spiegel.
6. a. Am Montagmorgen vor der Schule.
   b. Am Montagnachmittag vor den Schularbeiten.
   c. Am Montagabend nach dem Abendessen.

Vier Wochen gehen vorüber, und dann? Hören Sie bitte zu.

[„Ein Hund" von Helga Schubert, Absätze 14–15]

K. Was muß die Familie jetzt kaufen? Warum? Beantworten Sie jede Frage mit einem vollständigen Satz.

[Fragen]

Jetzt hören Sie den nächsten Teil der Geschichte. Schreiben Sie die fehlenden Wörter auf, sowie Sie sie hören.

[„Ein Hund" von Helga Schubert, Absätze 16–18]

Die Zeit der _____ Wasserflöhe geht vorüber. Die Verkäuferin

_____ jetzt Würmer. Diese Würmer können wir auch _____

züchten. Wir sollen nur jeden Abend die Reste vom _____ in die

Zigarrenschachtel zu den Würmern legen, davon werden sie dick und rund. Als ganz besonderen

Wurmleckerbissen _____ sie, Haferflockenbrei mit Spezialwurmfutter

_____, denn das fördere die Vermehrung. Wir _____

danach.

Die Würmer _____ im Aquarium klug, sie kriechen sofort

_____. Wir können sie zwar noch sehen, aber _____

finden sie nicht. Deshalb verfüttert das Kind die Würmer einzeln, und die Fische fressen

_____.

Die Verkäuferin empfiehlt einen _____ Wurmbehälter mit Löchern, aus

dem die Fische sich die Würmer zupfen können. Das Kind kauft _____

_____ noch zwei schwarze Fische, weil sie so schöne Namen haben: Black Molly.

Kapitel 9   95

Die Geschichte geht weiter.

[„Ein Hund" von Helga Schubert, Absätze 18–19]

L. Die Vögel oder die Schildkröte? Sind das die Vögel, die dem Kind gehören, oder ist das die Schildkröte, die der Tochter einer Kollegin gehört?

[Sätze]

1. Schildkröte   Vögel
2. Schildkröte   Vögel
3. Schildkröte   Vögel
4. Schildkröte   Vögel
5. Schildkröte   Vögel
6. Schildkröte   Vögel

Sie hören jetzt das Ende der Geschichte.

[„Ein Hund" von Helga Schubert, Absätze 21–22]

M. Was bedeutet das? Wie kann man das noch sagen? Sie hören sechs Sätze. Wählen Sie jeweils den Satz, der eine ähnliche Bedeutung hat.

[Sätze]

Man kann auch sagen:

1. a. Die Hundefrage hat sich gelöst.
   b. Die Hundefrage ist wieder relevant geworden.

2. a. Wir haben endlich einen Hund für das Kind gekauft, einen kleinen schwarzen Pudel.
   b. Ein Nachbar in unserem Mietshaus hat seit kurzem einen kleinen schwarzen Pudel in seiner Wohnung.

3. a. Wir sagen nochmals „nein".
   b. Wir kaufen endlich einen Hund.

4. a. Das Kind versteht zeitweilig, daß es keinen Hund haben kann.
   b. Das Kind versteht die Argumente der Eltern endlich und bittet sie nie wieder um einen Hund—weder direkt noch indirekt.

5. a. Das Kind hat sich etwas für den alten Käfig gekauft und es mit nach Hause gebracht.
   b. Das Kind hat den alten Käfig mit etwas anderem ersetzt.

6. a. Das Kind hat endlich zwei weiße Hunde bekommen, die noch so klein wie Mäuse sind.
   b. Da das Kind noch immer einen Hund will, aber keinen haben darf, nennt es die zwei weißen Mäuse seine Privathunde.

Name_____ Datum_____ Klasse_____

WEITERFÜHRUNG

Ein Kunde tritt ins Zoogeschäft ein. Hören Sie bitte zu.

[Dialog]

Umweltschützer verwenden Soft-Streu

NEU die einzige auf Zellulose-Basis

Vitakraft
- Mit dem Frische-Duft • Verhindert Gerüche
- Umweltfreundlich • Biologisch abbaubar
- Aus unbedrucktem Altpapier • Wird zu Humus
- Pfotenfreundlich • Mineral-Faserfrei

Mit vielen Vorzügen und nicht teurer

Soft-Streu
Recycling Produkt sehr saugfähig

Das Recycling-Produkt aus Altpapier u. Papierabfällen. Somit werden viele 1000 Tonnen Abfälle nicht mehr vernichtet, sondern vollwertig genutzt.
Noch ein Plus: Soft-Streu vergeht völlig zu Humus.
Helfen Sie mit! Gratisinform. über Katzenhaltung von Vitakraft-Werke, 2800 Bremen 45

Hören Sie sich das Gespräch zwischen Frau Gutmann und Herrn Dresewitz so oft wie nötig an. Stellen Sie dann den Kassettenrecorder ab, und korrigieren Sie die folgenden fehlerhaften Aussagen so, daß sie den Gesprächsinhalt akkurat reflektieren.

BEISPIELE:
1. Herr Dresewitz ist in die zoologische Handlung gegangen, um ~~Hunde~~*Katzen*spielzeug zu ~~ver~~kaufen.
2. Herr Dresewitz hat ~~drei alte Hunde: Pfiffi,~~ *zwei junge Katzen:* Muschi und Miekesch.

3. Muschi ist zwölf Jahre alt, und Miekesch ist elf Jahre alt.

4. Muschi und Miekesch sind beide weibliche Katzen.

5. Die beiden sind sehr lethargisch und stellen nie Unsinn an.

6. Frau Gutmann erzählt, daß ihre Katzen vor einer Woche bei einer wilden Verfolgungsjagd auf einen Schrank gesprungen sind und dabei vier Blumenvasen runtergeworfen haben.

7. Herr Dresewitz fände es prima, wenn Muschi und Miekesch eines Tages ein Tischtuch einschließlich des Kaffeegeschirrs vom Tisch ziehen würden.

8. Herr Dresewitz findet das Katzenspielzeug im Laden ausgesprochen billig.

9. Der Verkäufer sagt, daß es sehr schwer sei, Hundespielzeug selber herzustellen.

10. Frau Gutmann sagt, daß sie unbedingt Katzenfutter braucht.

11. Die Verkäuferin empfiehlt „Soft-Streu", ein neues Produkt der Firma Vitakraft. Es ist viel teurer als die herkömmlichen Produkte, aber dafür auch umweltfreundlicher. Es wird aus alten Kleidungsstücken gemacht und vergeht auf der Müllhalde völlig zu Humus.

12. Herr Dresewitz kauft eine große Kiste „Soft-Streu", obwohl sie sehr schwer ist.

Name_____ Datum_____ Klasse_____

Kapitel **10**

Einseitige und vielseitige Bildung

HINFÜHRUNG

A. Aussprache: Was fragt man über den Fahrplan? Wiederholen Sie jede Frage. Achten Sie dabei auf Ihre Aussprache.

Wann kommt der Zug aus Leipzig an?

Wann fährt der Zug nach München ab?

Woher kommt Zug Nummer 400?

Wohin fährt Zug Nummer 350?

Welche Züge fahren heute nach Erfurt?

Welche Züge kommen heute aus Würzburg an?

Welche Nummer hat der Zug nach Fulda?

An welchen Tagen fährt dieser Zug nach Dresden?

Hat dieser Zug einen Speisewagen?

Wartet dieser Zug die Anschlüsse ab?

Führt dieser Zug einen Postwagen?

Wieviel kostet eine Fahrkarte nach Lübeck?

Ihr Fernreise-System Bahn.

InterCityExpress, InterCity, EuroCity, InterRegio und Rundum-Service.

Stand: 23.05.1993

**Unternehmen Zukunft
Die Deutschen Bahnen**

B. Reiseverbindungen. Sie arbeiten am Fahrkartenschalter im Bahnhof. Schauen Sie sich die Angaben an, und beantworten Sie jede Frage.

[Fragen]

Reiseverbindungen — Unternehmen Zukunft / Die Deutschen Bahnen

```
VON    Bremen Hbf                         Gültig am Freitag, dem 04.06
NACH   Zürich HB
ÜBER

BAHNHOF              UHR       ZUG     BEMERKUNGEN

Bremen Hbf        ab 05:45   IC  725   Zugrestaurant
 Köln Hbf         an 08:50
                  ab 09:00   EC  103   Zugrestaurant
Zürich HB         an 15:00
```

TEXTARBEIT

Sie hören jetzt den ersten Teil der Geschichte von Peter Bichsel: „Der Mann mit dem Gedächtnis".

[„Der Mann mit dem Gedächtnis" von Peter Bichsel, Absätze 1–5]

Die Straße der Befreiung in Dresden: An was denkt und erinnert sich dieser Mann vielleicht?

100 Kapitel 10

Name_____ Datum_____ Klasse_____

A. Zum Spaß: Zwanzig Fragen. Wie ähnlich sind Sie dem Mann mit dem Gedächtnis? Markieren Sie Ihre Antwort auf jede Frage.

[Fragen]

ANTWORTEN A   ANTWORTEN B

1. ja   nein   11. ja   nein
2. ja   nein   12. ja   nein
3. ja   nein   13. ja   nein
4. ja   nein   14. ja   nein
5. ja   nein   15. ja   nein
6. ja   nein   16. ja   nein
7. ja   nein   17. ja   nein
8. ja   nein   18. ja   nein
9. ja   nein   19. ja   nein
10. ja   nein   20. ja   nein

[Resultate]

Sie hören jetzt den nächsten Teil der Geschichte.

[„Der Mann mit dem Gedächtnis" von Peter Bichsel, Absatz 6]

B. Was passierte auf dem Bahnhof: Richtig oder falsch?

1. richtig   falsch   2. richtig   falsch   3. richtig   falsch   4. richtig   falsch

Was passierte, als der Mann immer frustrierter wurde? Hören Sie jetzt den nächsten Teil der Geschichte.

[„Der Mann mit dem Gedächtnis" von Peter Bichsel, Absätze 7–19]

C. Warum war der Mann böse auf die Leute? Sie werden zehn Antworten auf diese Frage hören. Einige sind richtig, einige falsch. Machen Sie einen Kreis um die Nummer jeder Antwort, die richtig ist.

Warum war der Mann böse auf die Leute?

[Mögliche Antworten]

1.   2.   3.   4.   5.   6.   7.   8.   9.   10.

Sie hören jetzt den nächsten Teil der Geschichte.

[„Der Mann mit dem Gedächtnis" von Peter Bichsel, Absätze 20–25]

D. Was passierte viele Jahre später? Schreiben Sie die Nummer der Frage vor die richtige Antwort.

[Fragen]

_____ Alles, was er wußte.

_____ Etwas sehr Kompliziertes.

_____ Ein Auskunftsbüro.

_____ Daß der Beamte auf alle Fragen über die Bahn eine Antwort wußte.

_____ Er verbrannte sie.

_____ Ein Beamter.

_____ Um den Beamten zu prüfen.

Kapitel 10   **101**

Und jetzt hören Sie das Ende der Geschichte.

[„Der Mann mit dem Gedächtnis" von Peter Bichsel, Absätze 26–31]

E. Sequenzen: Warum? Sie hören einige Fragen. Suchen Sie die richtige Antwort auf jede Frage, und geben Sie diese Antwort dann mündlich. Stellen Sie den Kassettenrecorder kurz ab, und überfliegen Sie die Antworten.

> BEISPIEL: SPR: Warum ging der Mann ins Auskunftsbüro?
> SIE: Um dem Beamten eine Frage zu stellen.

[Fragen]

- Um etwas zu wissen, was der Beamte nicht wußte.
- ✓ Um dem Beamten eine Frage zu stellen.
- Um die Antwort „ich weiß es nicht" zu hören.
- Um in eine andere Stadt und dann weiter zu fahren.
- Um eine Zugreise zu machen.
- Um etwas zu wissen, was sonst niemand weiß und was kein Beamter in Büchern nachlesen kann.
- Um eine Fahrkarte zu kaufen.
- Um die Treppenstufen auf der ganzen Welt zu zählen.

WEITERFÜHRUNG

A. Ein Interview im Radio. Nach dem Skandal hat eine Radioreporterin den Mann mit dem Gedächtnis auf dem Bahnhof interviewt. Hören Sie zu.

[Interview]

Guten Abend, meine Damen und Herren.

B. Was versuchte die Reporterin herauszufinden? Sie werden acht Fragen hören. Machen Sie einen Kreis um die Nummer jeder Frage, die die Reporterin dem Mann stellte.

Wollte die Reporterin herausfinden,

[Fragen]

1. 2. 3. 4. 5. 6. 7. 8.

Name_____ Datum _____ Klasse_____

C. Ein Dialog. Stellen Sie für diese Aktivität den Kassettenrecorder ab. Wählen Sie dann eine der folgenden Situationen, und schreiben Sie einen Dialog.

1. Ein Tourist / Eine Touristin fragt den Mann mit dem Gedächtnis etwas über den Fahrplan. Er/Sie findet den Mann wirklich interessant und hört sich höflich alles an, was dieser über den Zug und über die Reise sagt. Es gibt aber ein Problem, als der Tourist / die Touristin versucht, in den Zug einzusteigen.

2. Ein Bahnbeamter / Eine Bahnbeamtin spricht mit dem Mann und versucht ihm zu erklären, warum er andere Leute nicht beschimpfen und schlagen darf. Der Mann versucht jedoch, den Beamten / die Beamtin davon zu überzeugen, daß alle Leute ihm einfach zuhören müssen, ob sie das wollen oder nicht. Er versucht den Beamten / die Beamtin außerdem auch davon zu überzeugen, daß er/sie ihm eine sehr wichtige Stelle bei der Bahn anbieten sollte.

3. Ein Mann / Eine Frau erscheint in einer Talkshow im Fernsehen und erzählt den Zuschauern, was passiert ist, als er/sie dem Mann mit dem Gedächtnis auf dem Bahnhof begegnet ist. Natürlich stellt der Showmaster Fragen und macht Bemerkungen.

4. Der Mann reist mit dem Zug nach __?__, wo er alle Treppenstufen zählen will. Auf der Reise versucht er, einem Mitreisenden / einer Mitreisenden alle Statistiken mitzuteilen, die er schon über Treppenstufen in anderen Städten gesammelt hat.

5. Der Mann geht zu einem Psychiater. Er will keine Treppenstufen mehr zählen. Er will gar nichts zählen. Er will alle Zahlen vergessen, die er schon im Gedächtnis hat. Was schlägt der Psychiater vor? Wie reagiert der Mann auf diesen Rat?

Kapitel 10

Name_____ Datum_____ Klasse_____

Kapitel 11
Beziehungen

HINFÜHRUNG

A. Aussprache: Familienanzeigen. Wiederholen Sie jeden Satz. Achten Sie dabei auf Ihre Aussprache.

Wir haben am 14. Juni geheiratet.

Wir sind glücklich und dankbar.

Wir feiern die Geburt unseres Sohnes und Bruders.

Danke für die vielen Glückwünsche zu meiner Konfirmation.

Alles Gute und viel Spaß für morgen.

Bleib so, wie Du bist!

Herzlichen Glückwunsch zu Deinem Geburtstag.

Alles Liebe und vor allen Dingen Gesundheit!

Wir gratulieren zum Geburtstag!

Dich verlieren war sehr schwer.

Dich vermissen noch viel mehr.

B. Stellen Sie den Kassettenrecorder ab, und lesen Sie die Familienanzeigen. Schreiben Sie dann hier Ihre eigene Anzeige. Sie können

- die Geburt eines Kindes annoncieren.
- sich für etwas bedanken.
- eine Heirat anzeigen.
- jemandem Glückwünsche zum Geburtstag senden.
- etwas zur Erinnerung an einen besonderen Menschen schreiben.

Wir sind glücklich und dankbar über die Geburt unseres Sohnes und Bruders

Astrid Hell geb. *Haupt*
und Wolfram Hell
mit Christian

Dominik
18. April 1991.

Bruno-Burgel-Straße 13
2820 Bremen 70

Für die vielen Glückwünsche und Aufmerksamkeiten zu meiner
Konfirmation
möchte ich mich, auch im Namen meiner Eltern, recht herzlich bedanken.
Tatjana Hoffmann
Wolfenbüttel, im Mai 1992

In memoriam   *Dich verlieren war sehr schwer.*
                       Dich vermissen noch viel mehr.

Klaus Wolter
† 22. 10. 1978   22. 10. 1990

Unvergessen   **Deine Helga und Klaus-Oliver**

106 *Kapitel 11*

Wir haben am
14. Juni 1988 geheiratet

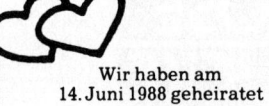

Heiko Bittorf
+
Monika Bittorf
geb. Rose

Braunschweig, Schulring 21

Glückwünsche

Lieber Paul,
herzlichen Glückwunsch zu Deinem
80. Geburtstag
Alles Liebe und vor allen Dingen
Gesundheit, wünscht Dir
Deine Anni

Hallo, Paul!
Die herzlichsten Glückwünsche
zu Deinem
80. Geburtstag
Viel Gesundheit und alles Gute
wünschen Dir
Detlev und Familie

Achtung, Paul!
Lieber Papa, zu Deinem
80sten Geburtstag
wünsche ich Dir alles, alles
Liebe und viel Gesundheit.
Deine Tochter Evi

Liebe Addi!

*Zu Deinem 18. Geburtstag
wünsche ich Dir alles Gute
und viel Spaß für morgen.*

Bleib so wie Du bist!

Deine Tine

Schatzchäschtli

J O E
40

Marianne   Eveline

**Wir
Gratulieren
zum Geburtstag**
Felix   WG589

Kapitel 11   **107**

C. Zwei Männer. Schauen Sie sich das Bild an, und beantworten Sie die Fragen.

[Fragen]

Name_____ Datum_____ Klasse_____

TEXTARBEIT

Hören Sie jetzt dem ersten Absatz der Geschichte von Gabriele Wohmann zu.

[„Der Mann im weißen Hemd" von Gabriele Wohmann, Absatz 1]

Wohin fahren diese Reisenden? Wem begegnen sie vielleicht unterwegs?

A. Was war vorher passiert? Was ist nachher passiert? Sie hören acht Sätze. Schreiben Sie die Nummer jedes Satzes hinter die richtige Frage.

[Sätze]

Was war vorher passiert?

Was ist nachher passiert?

Sie hören jetzt den nächsten Teil der Geschichte.

[„Der Mann im weißen Hemd" von Gabriele Wohmann, der erste Teil von Absatz 2]

Kapitel 11 **109**

B. Als der Mann in das Abteil eingetreten war, hat die Ich-Erzählerin es verlassen. Wie hat die Ich-Erzählerin diesen Mann beschrieben? Der folgende Absatz wird zweimal vorgelesen. Schreiben Sie die fehlenden Wörter auf, sowie Sie sie hören.

Der Mann _____, als ob er _____

mit der Bahn nicht _____. Als er _____ eintrat, sah

er _____ aus, als ob er die Ich-Erzählerin _____

oder um Rat für die Reise _____. Er trug viel zu viel _____

bei sich, und er war sehr _____ davon. Er war zu _____ und zu wenig robust

für so eine Reise. Er _____ ein bißchen _____, als ob er der Ich-Erzählerin

sagen wollte, er hätte _____ erreicht, den er _____

_____.

Die Geschichte geht weiter.

[„Der Mann im weißen Hemd" von Gabriele Wohmann, der zweite Teil von Absatz 2]

C. Was war eigentlich vorher im Abteil passiert? Beantworten Sie jede Frage mit einem vollständigen Satz. Benutzen Sie dabei die Ausdrücke aus der Liste.

[Fragen]

1. Ruhe brauchen
2. ihre Sachen
3. ihren Mantel
4. das Abteil
5. räudig

Die Geschichte geht weiter.

[„Der Mann im weißen Hemd" von Gabriele Wohmann, der dritte Teil von Absatz 2]

D. Was bemerkte die Autorin, nachdem sie das Abteil verlassen hatte? Wählen Sie für jeden Satzanfang das richtige Ende.

[Satzanfänge]

1. a. ohne seine Krawatte.
   b. ohne seine Jacke.
   c. ohne seinen Hut.
2. a. ein schmutziges weißes Hemd.
   b. ein sauberes weißes Hemd.
   c. ein zerrissenes weißes Hemd.
3. a. kürzer gemacht.
   b. länger gemacht.
   c. enger gemacht.
4. a. nicht zusammengefaltet.
   b. unter den Ellenbogen zusammengefaltet.
   c. über den Ellenbogen zusammengefaltet.
5. a. genau wie die Ich-Erzählerin gemacht.
   b. genau wie ihre Großmutter gemacht.
   c. genau wie die Mutter der Ich-Erzählerin gemacht.
6. a. für sich selbst gemacht.
   b. für ihre Tochter gemacht
   c. für ihren Mann gemacht.

Jetzt hören Sie den nächsten Teil der Geschichte.

[„Der Mann im weißen Hemd" von Gabriele Wohmann, der vierte Teil von Absatz 2]

Name_____ Datum_____ Klasse_____

E. Was ist eigentlich nachher passiert? Schreiben Sie die Nummer des Satzes vor das Verb, das den Satz sinngerecht beendet.

[Satzanfänge]

_____ zulassen.

_____ gefunden.

_____ gesucht.

_____ aufgesperrt.

_*1*_ geähnelt.

_____ ausgesehen.

_____ könnte.

_____ gelaufen.

_____ gewartet.

_____ vorbeigekommen.

Die Geschichte geht weiter.

[„Der Mann im weißen Hemd" von Gabriele Wohmann, der fünfte Teil von Absatz 2]

F. Im Abteil: Richtig oder falsch?

[Sätze]

1. richtig   falsch
2. richtig   falsch
3. richtig   falsch
4. richtig   falsch
5. richtig   falsch

Sie hören jetzt den nächsten Teil der Geschichte.

[„Der Mann im weißen Hemd" von Gabriele Wohmann, das Ende von Absatz 2]

G. Wie könnte man das alles interpretieren? Sie hören sechs Aussagen. Schreiben Sie die Nummer jeder Aussage auf, die eine mögliche Interpretation des vorhergehenden Textabschnitts darstellt.

[Aussagen]

Jetzt hören Sie das Ende der Geschichte.

[„Der Mann im weißen Hemd" von Gabriele Wohmann, Absatz 3]

Kapitel 11

H. Was, wer, wessen, wohin, woran? Beantworten Sie jede Frage mit einem vollständigen Satz, der einen der folgenden Ausdrücke enthält.

[Fragen]

seine Reisetasche

eine dicke Frau

ihr Strickzeug aus weißer Wolle

der Platz des Mannes

an ungeformten Teig

ein ärmelloses Kleid

die Abteiltür

auf den Platz am Fenster

WEITERFÜHRUNG

A. Probleme mit den Eltern. Jetzt hören Sie einen Dialog zwischen zwei jungen Menschen, die an der Universität Göttingen studieren und die jetzt in einer Studentenkneipe sitzen. Hören Sie sich den Dialog mindestens zweimal an, und machen Sie sich dabei Notizen.

[Dialog]

Beschreiben Sie Melanies Problem in Stichworten.

Du mußt öfter nach Hause kommen. Außer dir habe ich niemanden.

Melanie Ganzert   Frau Ganzert

Name_____ Datum _____ Klasse_____

Beschreiben Sie Richards Problem in Stichworten.

Tag, Mutti! Tag, Vati! Habt ihr mal einen Augenblick Zeit? Ich wollte was mit euch besprechen.

Jetzt nicht! Wir sind schon zu spät dran!

Wart' nicht auf uns mit dem Essen. Papa und ich sind nach dem Tennis bei Müllers eingeladen.

Richard Sievers   Herr Sievers   Frau Sievers

B. Mein Problem. Stellen Sie den Kassettenrecorder ab, und schreiben Sie einen Aufsatz.

Aufsatzthema: Mein Problem mit . . . Beantworten Sie als Vorbereitung zuerst stichwortartig die folgenden Fragen. Überspringen Sie Fragen, die für Sie nicht relevant sind.

Mit wem oder womit haben Sie zur Zeit Ihr größtes Problem?	
Was genau an der Persönlichkeit dieses Menschen und/oder an der Situation trägt zu dem Problem bei?	
Was ist das Problem für Sie?	
Was ist das Problem für die andere Person?	

(→)

Kapitel 11 **113**

Haben Sie mit der Person über das Problem gesprochen? Wenn ja: Mit welchem Resultat? Wenn nein: Warum nicht?	
Haben Sie mit anderen Menschen über das Problem gesprochen? Wenn nein: Warum nicht? Wenn ja: Mit wem? Was haben diese Leute dazu gesagt? Hat Ihnen das geholfen? Wenn ja: Wie? Wenn nein: Warum nicht?	
Gibt es Ihrer Meinung nach eine Lösung für den Konflikt? Wenn ja: Welche? Wenn nein: Warum nicht?	

C. Zum kulturellen und musikalischen Vergnügen: „Erlkönig". Johann Wolfgang von Goethe lebte von 1749 bis 1832. Seit fast zweihundert Jahren ist er noch der berühmteste deutschsprachige Dichter. Seine Ballade „Erlkönig" zählt noch heute zu den beliebtesten deutschen Gedichten, wie die folgende Liste aus einer populären Zeitschrift beweist. Sie hören jetzt eine Version dieses Gedichts, gesungen von dem deutschen Bariton Dietrich Fischer-Dieskau. Die Musik stammt von Franz Schubert. Hören Sie so oft zu, wie Sie wollen. Lesen Sie die Ballade, und singen Sie dann auch mit.

VERSE

Die zehn beliebtesten deutschen Gedichte

1. **Der Zauberlehrling**
   Johann Wolfgang von Goethe
2. **Das Lied von der Glocke**
   Friedrich von Schiller
3. **Herr von Ribbeck auf Ribbeck**
   Theodor Fontane
4. **Die Bürgschaft**
   Friedrich von Schiller
5. **Der Erlkönig**
   Johann Wolfgang von Goethe
6. **Prometheus**
   Johann Wolfgang von Goethe
7. **Der Panther**
   Rainer Maria Rilke
8. **Die Füße im Feuer**
   Conrad Ferdinand Meyer
9. **Deutschland – Ein Wintermärchen**
   Heinrich Heine
10. **Die fromme Helene**
    Wilhelm Busch

Quelle: Lutz Görner, Rezitator

Goethe

Schiller

Fontane

**Erlkönig
von Johann Wolfgang von Goethe**

Wer reitet so spät durch Nacht und Wind?
Es ist der Vater mit seinem Kind;
Er hat den Knaben wohl in dem Arm,
Er faßt ihn sicher, er hält ihn warm.

„Mein Sohn, was birgst du so bang dein Gesicht?"
„Siehst, Vater, du den Erlkönig nicht?
Den Erlenkönig mit Kron und Schweif?"
„Mein Sohn, es ist ein Nebelstreif."

„Du liebes Kind, komm, geh mit mir!
Gar schöne Spiele spiel' ich mit dir;
Manch' bunte Blumen sind an dem Strand;
Meine Mutter hat manch' gülden Gewand."

„Mein Vater, mein Vater, und hörest du nicht
Was Erlenkönig mir leise verspricht?"
„Sei ruhig, bleibe ruhig, mein Kind:
In dürren Blättern säuselt der Wind."

„Willst, feiner Knabe, du mit mir gehn?
Meine Töchter sollen dich warten schön;
Meine Töchter führen den nächtlichen Reihn
Und wiegen und tanzen und singen dich ein."

„Mein Vater, mein Vater, und siehst du nicht dort?
Erlkönigs Töchter am düstern Ort?"
„Mein Sohn, mein Sohn, ich seh es genau:
Es scheinen die alten Weiden so grau."

„Ich liebe dich, mich reizt deine schöne Gestalt,
Und bist du nicht willig, so brauch' ich Gewalt."
„Mein Vater, mein Vater, jetzt faßt er mich an!
Erlkönig hat mir ein Leids getan!"

Dem Vater grauset's, er reitet geschwind,
Er hält in Armen das ächzende Kind,
Erreicht den Hof mit Mühe und Not;
In seinen Armen das Kind war tot.

Dieses Denkmal steht vor dem Nationaltheater in Weimar. Sowohl Goethe als auch Schiller verbrachten in dieser ehemaligen Residenzstadt einen Teil ihres Lebens.

Name_____ Datum _____ Klasse_____

Kapitel 12

Menschenleben und Menschenwerk

HINFÜHRUNG

A. Aussprache: Minidialoge. Sie hören eine Frage und eine Antwort. Dann hören Sie die Frage noch einmal. Sagen Sie diesmal die Antwort. Achten Sie dabei auf Ihre Aussprache.

[Frage und Antwort; Frage]

SIE: Ja, und ich fliege morgen abend zurück.

[Frage und Antwort; Frage]

SIE: Nein, aber es hat einen Fahrstuhl.

[Frage und Antwort; Frage]

SIE: Nein, es hat nur eine Badewanne.

[Frage und Antwort; Frage]

SIE: Ich benutze kein Haarspray, aber ich gebrauche Seife.

[Frage und Antwort; Frage]

SIE: Nein, ich habe nicht genug Geld dafür. Ich suche einen guten Gebrauchtwagen.

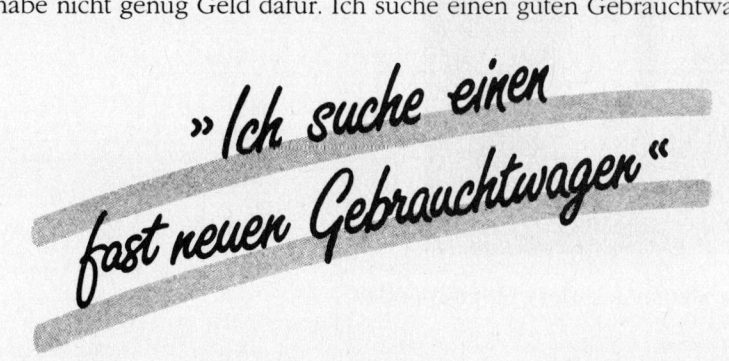

»*Ich suche einen fast neuen Gebrauchtwagen*«

B. Die Stadt Mainz und ihre Umgebung. Beantworten Sie jede Frage mit dem richtigen Ausdruck.

[Fragen]

   die Heimatstadt

   die Rheinebene

   ein Fluß

   durch Bombenangriffe

   der Dom zu Mainz

C. Sehenswürdigkeiten in Mainz. Geben Sie die richtigen Informationen.

[Aufforderungen]

   der Hauptbahnhof und der Südbahnhof

   das Städtische Theater

   das Gutenberg-Museum und das Naturhistorische Museum

   der Eisenturm und der Holzturm

   der Schillerplatz

   die Alte Universität und die Johannes-Gutenberg-Universität

   die Christuskirche und die Bonifaziuskirche

   die Rheinstraße

Der Eisenturm in Mainz stammt aus dem 13. Jahrhundert.

Name_____ Datum_____ Klasse_____

D. Was macht Frau Lorenz wann? Schauen Sie sich die Bilder an, und beantworten Sie jede Frage.

BEISPIEL: Was macht Frau Lorenz um sechs Uhr? Sie schläft.

[Fragen]

schlafen

aufwachen

sich die Zähne putzen

in ihren Wagen einsteigen

an der Uni ankommen /
aus dem Wagen aussteigen

einen Vortrag halten

sich eine Tasse Kaffee holen

Kapitel 12   119

E. Was machte Frau Lorenz gestern? Stellen Sie jetzt den Kassettenrecorder ab, und erklären Sie, was Frau Lorenz gestern gemacht hat. Beschreiben Sie die Bilder im Präteritum.

Um sechs Uhr morgens schlief Frau Lorenz noch. Um halb acht

_____

_____

_____

_____

_____

_____

_____

_____

_____

F. Heute. Was haben Sie heute schon gemacht? Was müssen Sie heute noch machen? Was brauchen Sie nicht zu machen? Hören Sie sich jede Frage an, und machen Sie sich dabei Notizen wie in den Beispielen.

BEISPIELE: Haben Sie sich geduscht?
Haben Sie sich rasiert?
Haben Sie sich die Zähne geputzt?

[Fragen]

Name_____ Datum_____ Klasse_____

Das habe ich schon gemacht.	Das muß ich noch tun.	Das brauche ich nicht zu tun.
mir die Zähne geputzt	mich duschen	mich rasieren

Kapitel 12

TEXTARBEIT

TEXT 1

Sie hören jetzt den Anfang des Textes „Zwei Denkmäler" von Anna Seghers.

[„Zwei Denkmäler" von Anna Seghers, Abschnitt 1–Anfang von 2]

A. Die Autorin und ihre Erzählung. Wählen Sie die richtige Antwort auf jede Frage.

[Fragen]

1. a. Während des Ersten Weltkrieges.
   b. In der Emigration.
2. a. Die Emigration.
   b. Der Krieg.
3. a. Dem Sinn nach.
   b. Wort für Wort.
4. a. Was sie damals gehört hat.
   b. Was sie damals erregt hat.
5. a. An ihre Emigrationserlebnisse.
   b. An eine Erinnerung.
6. a. Mainz am Rhein.
   b. Frankfurt am Main.
7. a. Frieden und Ärger.
   b. Freude und Angst.

Name _____ Datum _____ Klasse _____

Was sind die zwei Denkmäler, die die Autorin nie vergessen konnte? Hören Sie zu.

[„Zwei Denkmäler" von Anna Seghers, Ende von Abschnitt 2–4]

B. Unterschiede zwischen zwei Denkmälern. Sie hören zwölf Sätze. Schreiben Sie die Nummer des Satzes neben den Namen des Denkmals, das der Satz beschreibt.

[Sätze]

Dom:

Gedenkstein:

Sie hören jetzt das Ende des Textes. Schreiben Sie die fehlenden Wörter. Sie hören den Absatz zweimal.

In der Erzählung, _____ ich vor dem _____ Weltkrieg zu schreiben _____ und im Krieg _____, ist die Rede _____ dem Kind, dem _____ Mutter Milch holen _____, aber nicht heimbringen _____.

Ich hatte die _____, in dem Buch _____ erzählen, was aus _____ Mädchen geworden ist.

Kapitel 12   **123**

TEXT 2

Sie hören jetzt eine Originalaufnahme des Textes „Mensch" von Stephan Krawczyk. Der Autor selbst trägt seinen Text vor.

[„Mensch" von Stephan Krawczyk]

Das Goethe-Haus in Weimar: Ein Menschenwerk, das Menschenwerke enthält.

Was macht „Mensch"? Beantworten Sie jede Frage jeweils mit einem Ausdruck aus der Liste.

    BEISPIEL: Was putzt sich „Mensch"?
                         „Mensch" putzt sich die Zähne.

[Fragen]

    Seife und Sprays

    auf Insekten

    die Wasserspülung

    über Fahrstuhl und Rolltreppen

    Mücken

    einen Gebrauchtwagen

    die Zähne

    die Badewanne

Name_____ Datum_____ Klasse_____

WEITERFÜHRUNG

A. „Mainz am Rhein". Sie machen jetzt eine Stadttour. Schauen Sie sich die Karte an. Suchen Sie den Namen der Sehenswürdigkeit, die die Sprecher erwähnen, und schreiben Sie daneben die Nummer, die die Sprecher Ihnen sagen.

[Sätze]

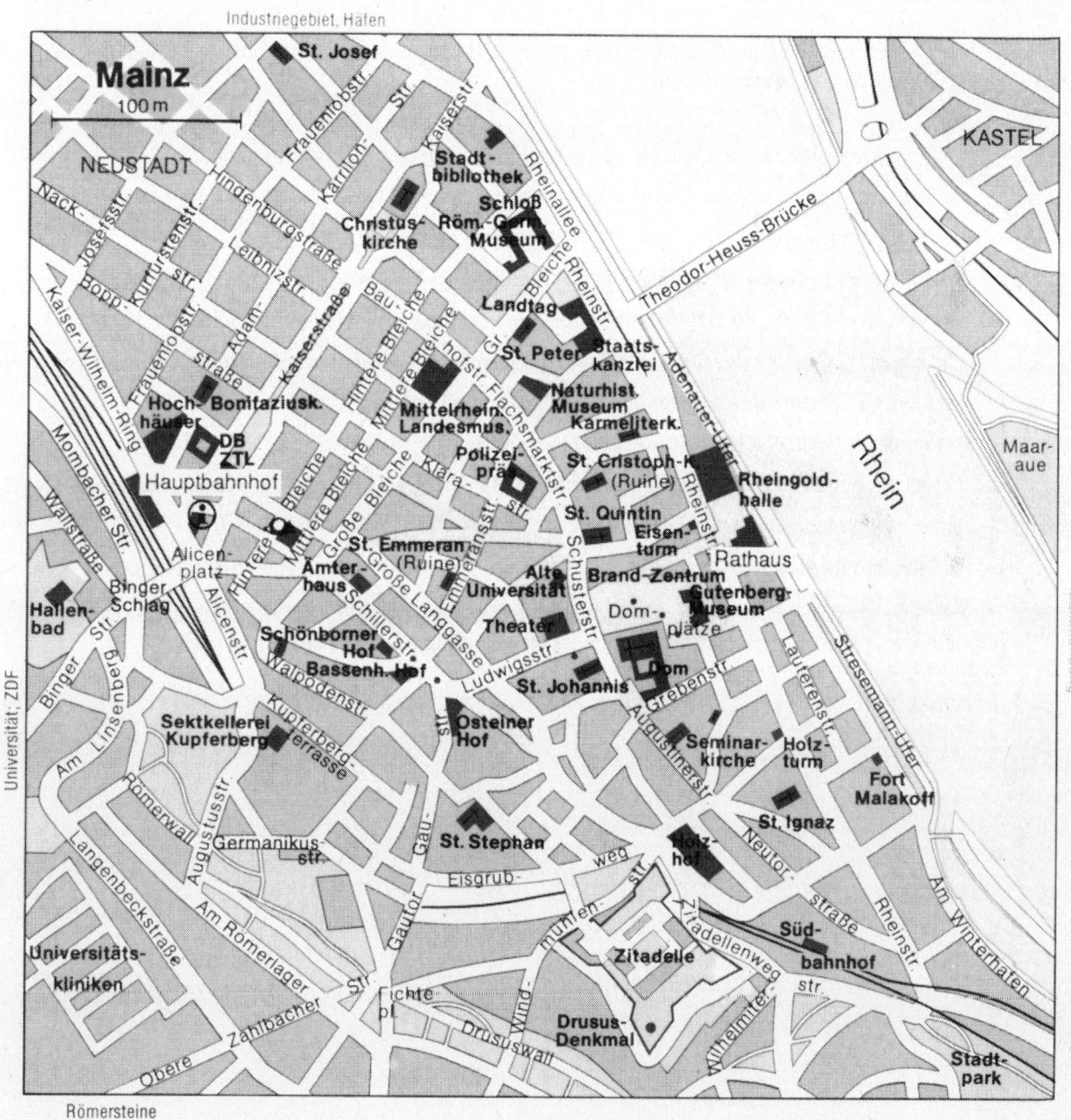

Kapitel 12   125

B. **Zu Besuch in Washington**

1. Cornelia Weinig ist Deutsche, Heather Hughes Amerikanerin. Die beiden jungen Frauen kennen sich seit Oktober 1992. Damals kam Heather nach Deutschland, um an der Universität Heidelberg ein Jahr lang Deutsch zu studieren und so ihre Deutschkenntnisse zu verbessern. Heather und Cornelia waren Zimmernachbarinnen im Studentenheim und wurden mit der Zeit gute Freundinnen. Im August hat Cornelia Heather in der US-amerikanischen Hauptstadt Washington besucht, wo diese jetzt lebt und studiert.

    Am Morgen nach Cornelias Ankunft machten die beiden Frauen Pläne für Cornelias ersten Tag in Washington.

[Dialog]

Hören Sie dem Gespräch so oft wie nötig zu. Stellen Sie dann den Kassettenrecorder ab, und unterstreichen Sie die richtige(n) Antwort(en) innerhalb jeder Frage.

BEISPIEL: Will Cornelia an ihrem ersten Tag in Washington in Heathers Wohnung bleiben und sich ausruhen, oder will sie damit beginnen, sich die Stadt anzuschauen?

a. Ist Cornelia, wie sie erwartet hatte, müde von dem langen Flug, oder fühlt sie sich frisch und unternehmungslustig?

b. Was will sich Cornelia zuerst ansehen: das Smithsonian Museum? die Kongreßbibliothek? Georgetown? das Weiße Haus? das Kapitol? das Washington-Denkmal? das Jefferson-Denkmal? das Lincoln-Denkmal? das Grab von Präsident Kennedy? das Kennedy-Zentrum?

c. Ist die Gedenkstätte für die Veteranen des Vietnamkrieges weit entfernt von dem Washington-Denkmal, oder ist sie ganz in der Nähe davon?

d. Findet Cornelia es erstaunlich oder nicht erstaunlich, daß Heather sagt, ein Kriegerdenkmal habe eine besondere Bedeutung für sie?

e. Ist Heather als Pazifistin prinzipiell gegen Krieg, oder hält sie Krieg manchmal für nötig?

2. Heather und Cornelia nähern sich der Gedenkstätte für die Veteranen des Vietnamkrieges. Hören Sie sich das Gespräch zwischen den beiden so oft wie nötig an, und machen Sie sich stichwortartige Notizen zu den folgenden Fragen.

[Dialog]

Name_____ Datum_____ Klasse_____

Wie sieht das Denkmal nach Ansicht von Cornelia aus?
Warum wurde Maya Ying Lins Design dafür gewählt?
Wie beschreibt Heather das Denkmal?
Von wann bis wann dauerte der Vietnamkrieg?
Wie viele amerikanische Soldaten sind im Vietnamkrieg gestorben beziehungsweise gelten als vermißt?
Warum hat das Denkmal eine persönliche Bedeutung für Heather?
Welche Fragen stellt sich Heather?
Findet Heather Antworten auf ihre Fragen? Wenn ja: Auf welche?

3. Schreiben Sie kurz, welche Reaktionen das Gespräch zwischen Heather und Cornelia am Denkmal in Ihnen ausgelöst hat.

Kapitel 12   **127**

Antworten

Kapitel 1

Textarbeit F. 1. Über uns sehen wir einen endlosen Himmel. **2.** Unter diesem Himmel leben wir auf der Erde. **3.** Auf der Erde finden wir Städte voller Straßen. **4.** In diesen Städten leben viele Menschen. **5.** Kann Gras zwischen den Pflastersteinen einer Straße wachsen?

Kapitel 2

Hinführung C. 1. −30°C = 26.6°F **2.** 7°C = 44.6°F **3.** 10°F = 50°F **4.** 23°C = 73.4°F

Textarbeit A. 2. DIE FRAU • ist Austauschstudentin/Studentin an der Uni. • spricht prima/toll/(sehr) gut/ausgezeichnet/hervorragend Deutsch. • kommt aus den USA/den (Vereinigten) Staaten (von Amerika). • hat in den USA/Amerika Deutsch studiert. DER TAXIFAHRER • war noch nie in den Staaten/Amerika/den Vereinigten Staaten (von Amerika)/den USA. • fährt ab und zu mit seiner Frau nach Italien oder Spanien. DIE FRAU • möchte Deutschland, Österreich und die Schweiz sehen. • freut sich auf diese Reise (in den Semesterferien/in vier Monaten). • muß morgen in ihr Zimmer im Studenten(wohn)heim einziehen. • muß sich in der/dieser Stadt orientieren. • muß zuerst ein Semester lang studieren/lernen, bevor sie reisen kann.

Kapitel 3

Hinführung D. WO: in Nordeuropa / in Portugal und Spanien WETTER UND TEMPERATUREN: Regenschauer / Tageshöchsttemperaturen: 7°–15°C. Gewitter / Tageshöchsttemperaturen: um 20°C. / die Temperaturen in den Mittagsstunden: über 25°C. / sonnig / die Temperatur: nicht über 20°C.

Textarbeit, Text 1 D. Wann? zwischen sieben und acht Wo? auf der Mariahilferstraße Wer geht da? die Ladenmädchen Woher? aus der Inneren Stadt Wohin? nach Hause Was tun? Wenn eine dir gefällt, sprichst du sie an. *Oder:* Wenn eine ihm gefällt, sollte Roda sie ansprechen. *Oder:* . . . die Frau ansprechen.

Textarbeit, Text 1 E. Die fünfte / Die zweite / Die dritte / Die sechste / Die erste / Die vierte

Textarbeit, Text 1 H. Lokal 6 eine Gaststätte, Kneipe oder Bar / Breitensträter 2 Boxer; mit dem hat der Mann der Frau gekämpft / Daumenschraube 9 Folterinstrument; schmerzlich starker Händedruck / Otto 4 der Mann der Frau / Varieté 1 Revue, Zirkus; wo Otto geboxt hat / Ungarisch-Altenburg 5 wo Roda im Moment lieber wäre / Schatz 7 Ottos Kosename für seine Frau / Händedruck 8 ein Zeichen der Begrüßung; kann Dankbarkeit ausdrücken / Boxmeisterschaft 3 wichtigster Boxkampf; wer gewinnt, ist Champion.

Textarbeit, Text 2 D. 1. Die Frau bestellte einen doppelten Wodka für sich und den Mann. **2.** Zum Zeichen, daß das Getränk von ihr war, prostete die Ich-Erzählerin dem Mann zu. **3.** Die Ich-Erzählerin setzte sich neben den Mann, obwohl sie ihn nicht kannte. **4.** Ohne das Einverständnis des Mannes bestellte ihm die Ich-Erzählerin drei Gläser Sliwowitz. **5.** Es war für die Ich-Erzählerin sehr wichtig, daß der Mann den Sliwowitz trank.

Kapitel 4

Hinführung C. 1. (der) Bahnhof **2.** (die) Post **3.** (das) Fremdenverkehrsamt **4.** (das) Museum **5.** (der) Dom **6.** (das) Schloß **7.** (die) Universität **8.** (die) Josefkirche **9.** (die) Marienkirche **10.** (die) Bibliothek **11.** (das) Kloster

Texarbeit, Text 2. Er hat gelernt, **1.** schön zu sprechen und nach der Schrift. **2.** (den Erwachsenen) zu folgen. **3.** „mein" und „dein" zu unterscheiden. **4.** die zehn Gebote zu halten. **5.** die sieben Todsünden zu meiden. **6.** die Heilige Dreieinigkeit zu verehren. **7.** die drei goldenen „t" des Sports zu beachten. **8.** laut und deutlich zu grüßen. **9.** die Hand zu geben. **10.** einen Diener zu machen.

ich habe gelernt / die menschen einzuteilen / in <u>rote</u> und <u>schwarze</u> / <u>gute</u> kundschaftn und <u>schlechte</u> / <u>brave</u> kirchengeher und <u>laxe</u> / <u>regelmäßige</u> kommuniongänger und <u>seltene</u> / <u>feine</u> leute und gesindel. / beim geld aber / ist mir beigebracht worden / sei es egal / von wem es komme; es sei von allen, <u>roten</u> und <u>schwarzen</u> / <u>guten</u> kundschaftn und <u>schlechten</u> / <u>braven</u> kirchengehern und <u>laxen</u> / <u>regelmäßigen</u> kommuniongehern und <u>seltenen</u> / <u>feinen</u> leuten und vom gesindel / gleichermaßen willkommen.

Kapitel 5

Textarbeit, Text 1 A. Die Frau ging <u>zum Bäcker</u> und kaufte Brot <u>für ihren Hund</u>. Als sie aber <u>nach Hause</u> kam, fand sie den Hund scheinbar <u>schon tot</u> vor. Weil sie dachte, daß ihr Hund gestorben war, brauchte die Frau einen Sarg für ihn. Sie ging also <u>aus dem Haus</u> und kaufte den Sarg, um <u>den toten Hund</u> darin zu begraben. Als sie den Sarg nach Hause brachte, erfuhr sie, daß ihr Hund <u>nicht tot</u>, sondern <u>ganz gesund</u> war.

Textarbeit, Text 2 C. <u>3 Meter</u> (lang) / <u>2 Meter</u> (hoch) / <u>1 Meter</u> (tief)

Weiterführung B. 3. Gerhard hat sich während seines Aufenthaltes in Amerika ~~nie~~ *oft* nach deutschem Brot und ~~nur selten~~ nach deutschen Brötchen gesehnt. **4.** Die Vollmers kaufen ~~kaum~~ *oft* in der Bäckerei-Konditorei Berger ein, weil sie das Angebot ~~mager~~ *groß* und die Preise zu hoch finden. **5.** Als Kordula Mark noch eine Tasse ~~Tee~~ *Kaffee* anbietet, sagt dieser: "~~Nein~~ *Ja*." **6.** Nach dem Frühstück wollen Gerhard und Kordula Mark ~~die Stadt zeigen~~ *mit einkaufen gehen*. **7.** In Deutschland sind die Geschäfte ~~wie in Amerika~~ Samstag abends und sonntags *nicht* geöffnet. **8.** Kordula geht ~~nicht~~ gern auf dem Wochenmarkt und in kleinen Geschäften einkaufen, weil die Waren da ihrer Meinung nach ~~teuer~~ *frisch* und von ~~schlechter~~ *guter* Qualität sind. **9.** Es ist ~~ein Kinderspiel~~ *schwer* in der Innenstadt von Marburg einen Parkplatz zu finden. **10.** Zum Mittagessen wollen Gerhard und Mark ~~in ein Restaurant gehen, aber Kordula will lieber zu Hause kochen~~ *sich bei dem Stand am Markt eine Currywurst mit Pommes frites holen*. **11.** Kordula hat um ~~drei~~ *zwei* Uhr einen Termin beim ~~Artz~~ *Friseur*.

Weiterführung C. 1. weil sie vor einigen Jahren frisch renoviert wurden **2.** gehen sie durch eine Fußgängerzone mit Blumencontainern und Bänken mitten auf den Straßen **3.** in Altstadtkneipen und Straßencafés **4.** in einem Schaufenster **5.** 248 DM **6.** nicht so schlecht **7.** in den USA

Kapitel 6

Hinführung B. Dialog 1: b 1. a 2. d 3. c 4.   Dialog 2: c 1. b 2. d 3. a 4.

Weiterführung B. 2. 2 Mineralwasser 8,20 / 1 Coca Cola light 4,10/ 1 Schinkenplatte mit Butter und Brot 17,10 / 1 Toast „Mozart" 16,30 / 1 Gemüsecremesuppe 6,50 / 1 Wiener Schnitzel mit Pommes frites und Salat 23,50 // 75,70

Kapitel 7

Textarbeit, Text 1 A. 1. Der Bauer lebte <u>vom Schweineverkauf</u>. **2.** Er <u>züchtete</u> und verkaufte Schweine. **3.** Manche Kunde <u>bevorzugten</u> kleine Schweine. **4.** Andere Kunden wollten <u>ausgewachsene</u> Schweine. **5.** Einmal ging das Geschäft schlecht, weil die Leute nicht viel <u>Interesse an den Schweinen</u> des Bauern hatten. **6.** Der Bauer steckte <u>drei kleine Ferkel</u> in würfelförmige Kisten. **7.** Die Ferkel steckten <u>ihre</u> Schnauzen aus den Kisten, um ihr Futter <u>zu fressen</u>.

Antworten

Kapitel 8
Hinführung C.

[Illustration: Walther Uhren display with 10 numbered clocks]

Hinführung F. am schnellsten / am gesündesten / am interessantesten / am sichersten / am schlimmsten / am schönsten / am besten / am meisten

Textarbeit, Text 1 D. • Die eine flog <u>mit einer Pendeluhr</u> nach Amsterdam. • Die andere versteckte sich <u>in einem Sandwich</u> und wurde unterwegs <u>aufgegessen</u>. • Die meisten <u>kamen</u> nicht einmal bis <u>zum Flughafen</u>, weil sie ihn entweder nicht <u>fanden</u> oder vorher von einem Vogel <u>aufgepickt wurde</u>. • Was hatte die kleine Made? Was fehlte den anderen? <u>Etwas Glück</u>.

Kapitel 9

Textarbeit C. **1.** Ist es wichtig, schon <u>im kleinen Kind</u> die Tierliebe <u>zu wecken</u>? **2.** Ist es wichtig, <u>ein Kind</u> Verantwortungsbewußtsein und Stetigkeit <u>zu lehren</u>? **3.** Ist es gut, so oft wie möglich <u>mit Kindern in den Tierpark zu gehen</u>? **4.** Ist es nötig, <u>einem Kind ein Tier zu schenken</u>?

Textarbeit I. 1 Tüte Vogelfutter / <u>1 Tüte Vogelsand</u> / <u>Vogelspielzeug</u> / 2 Vogelschaukeln / <u>2 Vogelnäpfe</u> / 2 Vogelwetzsteine / <u>1 Glasbecken</u> / <u>1 Kampffischpärchen</u> / 1 Tüte Sand / <u>3 Grünpflanzen</u> / 2 Ziersteine / 6 Schnecken / <u>1/4 Pfd Wasserflöhe</u> / <u>1 Krallenfrosch</u>

Textarbeit K. Die Zeit der <u>lebenden</u> Wasserflöhe geht vorüber. Die Verkäuferin <u>verkauft</u> jetzt Würmer. Diese Würmer können wir auch <u>selbst</u> züchten. Wir sollen nur jeden Abend die Reste vom <u>Abendbrot</u> in die Zigarrenschachtel zu den Würmern legen, davon werden sie dick und rund. Als ganz besonderen Wurmleckerbissen <u>empfiehlt</u> sie, Haferflockenbrei mit Spezialwurmfutter <u>zu vermischen</u>, denn das fördere die Vermehrung. Wir <u>richten uns</u> danach.

Die Würmer <u>verhalten sich</u> im Aquarium klug, sie kriechen sofort <u>in den Sand</u>. Wir können sie zwar noch sehen, aber <u>die Fische</u> finden sie nicht. Deshalb verfüttert das Kind die Würmer einzeln, und die Fische fressen <u>aus seiner Hand</u>.

Die Verkäuferin empfielt einen <u>schwimmenden</u> Wurmbehälter mit Löchern, aus dem die Fische sich die Würmer zupfen können. Das Kind kauft <u>bei dieser Gelegenheit</u> noch zwei schwarze Fische, weil sie so schöne Namen haben: Black Molly.

Antworten

Weiterführung. 3. Muschi ist fast zwei Jahre alt, und Miekesch ist elf Monate alt. **4.** Muschi ist ein Kater, und Miekesch ist eine weibliche Katze. **5.** Die beiden sind voll Energie und stellen ständig Unsinn an. **6.** Herr Dresewitz erzählt, daß seine Katzen vor einer Woche bei einer wilden Verfolgungsjagd auf ein Fensterbrett gesprungen sind und dabei vier Blumentöpfe runtergeworfen haben. **7.** Herr Dresewitz fände es gar nicht gut, daß Muschi und Miekesch eines Tages ein Tischtuch einschließlich des Kaffeegeschirrs vom Tisch gezogen haben. **8.** Herr Dresewitz findet das Katzenspielzeug im Laden ausgesprochen teuer. **9.** Die Verkäufer sagt, daß es sehr leicht sei, Katzenspielzeug selber herzustellen. **10.** Herr Dresewitz erinnert sich daran, daß sie unbedingt Katzenstreu braucht. **11.** Die Verkäuferin empfiehlt „Soft-Streu", ein neues Produkt der Firma Vitakraft. Es ist nicht viel teurer als die herkömmlichen Produkte, und dazu auch umweltfreundlicher. Es wird aus Altpapier und Papierabfällen gemacht und vergeht auf der Müllhalde völlig zu Humus. **12.** Herr Dresewitz kauft eine kleine Tüte „Soft-Streu", weil die großen für ihn sind schwer.

Kapitel 10
(keine Antworten)

Kapitel 11
Textarbeit B. Der Mann <u>sah aus</u>, als ob er <u>an das Reisen</u> mit der Bahn nicht <u>gewöhnt sei</u>. Als er <u>ins Abteil</u> eintrat, sah er <u>hoffnungsvoll</u> aus, als ob er die Ich-Erzählerin <u>um Hilfe</u> oder um Rat für die Reise <u>bitten wollte</u>. Er trug viel zu viel <u>Gepäck</u> bei sich, und er war sehr <u>müde</u> davon. Er war zu <u>alt</u> und zu wenig robust für so eine Reise. Er <u>hat</u> ein bißchen <u>gelächelt</u>, als ob er der Ich-Erzählerin sagen wollte, er hätte <u>den Ort</u> erreicht, den er <u>hatte erreichen wollen</u>.

Kapitel 12
Textarbeit, Ende Text 1. In der Erzählung, <u>die</u> ich vor dem <u>zweiten</u> Weltkrieg zu schreiben <u>begann</u> und im Krieg verlor, ist die Rede von dem Kind, dem <u>die</u> Mutter Milch holen <u>wollte</u>, aber nicht heimbringen <u>konnte</u>. Ich hatte die <u>Absicht</u>, in dem Buch <u>zu</u> erzählen, was aus <u>diesem</u> Mädchen geworden ist.

Weiterführung A. 1 Rhein / 2 Maaraue / 3 Theodor-Heuss-Brücke / 4 Rathaus / 5 Gutenberg-Museum / 6 Dom / 7 Alte Universität / 8 Frauenlobstraße / 9 Universitätskliniken / 10 Stadtpark / 11 Südbahnhof

Weiterführung B 1. a. Ist Cornelia, wie sie erwartet hatte, müde von dem langen Flug, oder <u>fühlt sie sich frisch und unternehmungslustig</u>? b. Was will sich Cornelia zuerst ansehen: das Smithsonian Museum? die Kongreßbibliothek? Georgetown? <u>das Weiße Haus</u>? das Kapitol? <u>das Washington-Denkmal</u>? <u>das Jefferson-Denkmal</u>? <u>das Lincoln-Denkmal</u>? das Grab von Präsident Kennedy? das Kennedy-Zentrum? c. Ist die Gedenkstätte für die Veteranen des Vietnamkrieges weit entfernt von dem Washington-Denkmal, oder <u>ist sie ganz in der Nähe davon</u>? d. Findet Cornelia es <u>erstaunlich</u> oder nicht erstaunlich, daß Heather sagt, ein Kriegerdenkmal habe eine besondere Bedeutung für sie. e. Ist Heather als Pazifistin <u>prinzipiell gegen Krieg</u>, oder hält sie Krieg manchmal für nötig?